梶村晃著作集 1

天皇制国家主義教育から平和教育へ

海鳥社

本扉写真＝表紙カバーと同じく、家族とともに、前列右が著者、二歳の頃

序にかえて

一

　自民党は昨年（二〇〇五年）十月二十八日、新憲法草案（以下草案という）を発表し、十一月二十二日、自由民主党立党五十年記念大会でそれを採択しました。「新憲法草案」としたのは「押しつけられた現憲法の改正」ではなく、「自立した国民意識のもとで新しい憲法が制定されるよう、国民合意の形成に努めます」（新綱領）ということのようです。日本国憲法改正の発議については第九六条で明記していますが、新憲法制定の権限などはどこにも与えていません。帝国憲法から日本国憲法も憲法条文による「改正」でした。他国の例を見ても新憲法制定は「革命」かクーデターによる時ではないでしょうか。

　押し付け憲法論を強調し、自立した国民意識のもとでの新憲法という論は、国民をたぶらかす理屈です。「草案」の真の目的は九条の「改正」にあることは誰の目にも明かです。このことこそが、「アメリカの押し付け」であり、しかも長年にわたる強い要求であったことはここで述べるまでもありません。一九五〇年、朝鮮戦争がはじまると、占領軍命令によって警察予備隊が作られました。憲法九条は憲法施行からわずか三年三カ月しか維持されなかったことになります。

しかし、ここから運動がはじまります。一九五一（昭和二十六）年、日本社会党は平和四原則（全面講和、軍事基地提供反対、中立堅持、再軍備反対）をかかげ、委員長鈴木茂三郎は「青年よ銃をとるな。婦人よ夫を戦場に送るな」と呼びかけました。結成後一年も経ていない総評は第二回大会（一九五一年三月）で激論の末、平和四原則を採択、以後、日本の平和運動、反基地闘争の中核となっていきました。日教組は「教え子を再び戦場に送るな」をメインスローガンとして、第八回城崎定期大会（一九五一年五月）で採択し、以降の日教組運動の基調となりました。

日本が「沖縄を切り捨てて」独立を回復した一九五二年、警察予備隊は保安隊となりました。一九五三年には池田・ロバートソン会談が行なわれました（詳しくは後述）。これは、翌年の日米相互防衛援助協定（ＭＳＡ協定）調印のための事前交渉ともいうべきもので、防衛力増強について協議されました。翌一九五四年三月、ＭＳＡ協定調印、五月発効。同年七月、防衛庁が設置され、陸上・海上・航空の三自衛隊の発足となりました。

ところで、その当時の保守政党は離合集散を繰り返し、かなり複雑な状況にありましたが、経済四団体（経団連、日経連、日本商工会議所、経済同友会）の働きかけもあって、自由党と民主党の合同、すなわち自由民主党の結成へと動いていきました。そして、一九五五年十一月十五日、結党大会となります。その目的は、憲法改正、軍備強化、大企業（大資本）の育成・発展にあったことはいうまでもありません。以後、党総裁や首相になった鳩山一郎や岸信介らによって改憲が企図されますが、改憲発議のための国会議員三分の二の壁が突破できず、「明文改憲」から「解釈改憲」へと移っていきました。解釈改憲とはいえ、現在では世界で有数の「自衛隊＝軍隊」が存在しています。

加えて、日米安保条約の再定義といわれる一九九六年四月の橋本・クリントン日米共同声明以降、アメリカの「改憲要求」と「日米同盟」とやらの関係強化がすすむ中で、政府・自民党も現状が解釈改憲の限界と考えているのではないでしょうか。現在進行している「米軍再編」は、一米軍だけのものでなく、日本の自衛隊が米軍と合同・一体化してその「共通の戦略目標」にむかってすすむことを意味しています。これはもう九条をはるかに越えています。九条改正どころか、それ以前にその実態がつくり出されようとしています。ともあれ、私たちはこれまでいったい何をしてきたのでしょう。反省もこめて、その思いは深いものがあります。

二

自民党「新憲法草案」の焦点は何といっても第九条でしょう。他にも問題箇所は沢山ありますが、九条とその関連についてだけ所見を述べます。

九条の二は「内閣総理大臣を最高指揮官とする自衛軍を保持する」としています。そして「自衛軍は「わが国の平和と独立並びに国及び国民の安全を保持するため」また「国際社会の平和と安全を確保するために国際的に協調して行われる活動」及び「緊急事態における公の秩序を維持し、又は国民の生命若しくは自由を守るための活動」を行なうとしています。これはかつての軍隊とどこが異るのでしょうか？　たしかに天皇の「統帥権」が首相に移っています。首相を最高指揮官とする自衛軍を決して認めるわけではありませんが、それは象徴天皇、国民主権をタテマエにする以上、当然のことです。国及び国民の安全を保持するためとか、国際社会の平和と安全を確保するためとかいっても、かつても「邦人の生命・財産を守る」とか「東洋平和のため」と称して出兵していった苦い経験があります。歴史はじまって以来、侵略戦争などと自称した国はどこにもありません。日本においても然りです。先の「大戦の詔書」（一九四一年十二月八日）は「大東亜戦争」を「自存自衛」としています。すべての戦争は正義の戦争となっていきます。

近現代の戦争を遂行していくためには、先の大戦の国家総動員法に見られるように、国家権力による「人的資源」「物的資源」の総動員体制が求められます。そのことは国家権力が優先し、基本的人権が抑圧されるということです。「草案」の一二条、一三条は「自由及び権利には責任及び義務が伴うことを自覚しつつ常に公益及び公の秩序に反しないように自由を享受し、権利を行使する責務を負う」「国民の権利については公益及び公の秩序に反しない限り、立法その他の国政の上で、最大の尊重を必要とする」となっていますが、この文言についてはもう解説の必要はないでしょう。この考え方はすでに「中学校用　心のノート」に登場しています。

「草案」二〇条（信教の自由）では、国及び公共団体は「社会的儀礼又は習俗的行為の範囲」を超えなければ宗教教育や宗教的活動は許されることになります。とすれば、「教育改革国民会議報告」（二〇〇〇年十二月）にある宗教的情操教育も違憲判決が出された愛媛県の玉串料もその範囲に入れられ、また小泉首相の靖国参拝なども許されることになりかねません。そして、国家神道が権力者の意図によって浸透していくことになります。したがって「草案」一二・一三・二〇の各条は九条と関連し、九条を補完するものとしてとらえます。

日本国憲法九七条（基本的人権の本質）は「この憲法が日本国民に保障する基本的人権は、人類の多年にわたる自由獲得の努力の成果であって、これらの権利は、過去幾多の試練に堪え、現在及び将来の国民に対し、侵すことのできない永久の権利として信託されたものである」としています。何度も何度も熟読、玩味《がんみ》する必要があるでしょう。

九条に関連して今ひとつ「草案」第七六条の三があります。軍事裁判所の設置です。これは軍法会議です。こうなれば自衛軍は完全な軍隊です。憲兵も復活するにちがいありません。

ここまで「草案」を見てくると、前文のはじめに「象徴天皇制を維持する」という表現が大いに気になってきます。前文は国家のありよう、憲法の性格などを規定するものではないでしょうか。とすれば、天皇を精神的な支柱、または頂点においた国づくりを意図しているのでしょう。明治憲法の下では「天皇ハ神聖ニシテ侵スヘカラス」（第三条）として軍人も臣民も天皇と国家神道に精神的支柱を置くことが強制されてきました。当時の主権天皇・現人神と、現在の象徴天皇を同一視することはできないにしても、天皇を精神的支柱や頂点におくことには、あまり違いはないように思われます。

中教審答申「期待される人間像」（一九六六年）は天皇を敬愛することは日本国を敬愛することに通じるというような論理を展開しています。「草案」はここまで天皇を中心とする国づくり、人づくりを求めているように思えてなりません。

さらに、「日本国民は、帰属する国や社会を愛情と責任感と気概をもって自ら支え守る責務を共有し……」とあります。愛国心、責任、責務といったものが国民に要求されています。こうなれば憲法の性格そのものが大きく変えられるという危機を感じます。

「草案」全体の中で何とも気になることがいくつかあります。その一つは、「自衛軍の組織及び統制に関する事項は法律で定める」というように「法律で定める」という表現が多いことです。これは原則とでもいうものを憲法で規定せず下位の法律で時の権力者の裁量によって自由にできるということでしょう。明治憲法も「法律ノ定ムル処ニ従ヒ」とか「法律ニ処ル」とかがやたらに目につきます。よく「徴兵制」はどうなるかと聞かれますが、これなども法律で決めるということにもなりかねません。「徴兵制」は明治憲法で明文化される以前に、すでに「徴兵令」（一八七三年）によって義務化されていました。いま一つ注目すべきは「公益及び公の秩序に反しない……」という表現です。かれらの考えの中には「公益」は国益であり、「公」は国家であるという強い意識が感じられます。明治憲法では「安寧《あんねい》秩序ヲ妨ケス」となっていました。

三

日本国憲法ができる時、多くの人びとは何よりも第九条戦争放棄を大いに歓迎しました。戦禍に打ちひしがれた人びとはもう戦争はしない、平和な国をつくるということで、そこに希望を見出しました。しかし、当時の人びとの中には、戦争の被害意識は濃厚にありましたが、加害意識はほとんど皆無といってよいくらいなかったように思われます。もちろん戦前・戦中の厳しい報道管制の中で、日本の侵略・加害の実態が全く知らされていなかったことも大きな要因ではありましたが。

憲法九条を取上げる時、文部省発行「あたらしい憲法のはなし」（一九四七年七月刊）がよく引用されます。しかし全体を通読してみても、「被害」の記述はあっても「加害」についてはは全くふれていません。加えて憲法前文の理念、なかんずく個人の尊厳、基本的人権の尊重といった視点も欠落しているように思われます。それは、当時の人びとの意識状況を表わしているのではないでしょうか。なお、この教科書が朝鮮戦争がはじまり、警察予備隊ができた頃から、中学校で使用されなくなったことはほとんど知られていません。

当時の教師たちの意識はどうかと言えば、これまた被害意識はあっても加害意識はほとんどなかったように思います。「教え子を再び戦場に送るな」については前述していますが、このスローガンには自分の教え子を戦場に送り、死なせたことに対する罪責の念はあっても、相手国に対する加害の認識はほとんどなかったように思います（本書「『教え子を再び戦場に送るな』考」参照）。

福岡県の教師たちが「八月六日、ヒロシマの原爆投下」の一斉授業に取り組むようになったのは一九七三年からです。その教育実践の内容は当初「被害」が中心でした。年を重ねていく中で、「加害」そして「戦争責任」へと転じていきました。それは七〇年代の後半になりますが、敗戦からすでに三十年以上経過していました。教師たちは平和教育を推進しながら、自分自身が「戦争の原体験」に一歩でもより近づこうとして、広島・長崎・沖縄を訪ね、また中国をはじめアジア諸国への「平和の旅」に参加してきました。その中から「戦争を語り継ぐ」ということは「被害・加害」をあわせてその実態を語り継ぐことだと認識していきました。

ヒロシマの原爆詩人といわれる栗原貞子さんに私がはじめて出会ったのは、もう六、七年も前になりますが、八月六日広島の集会でした。車椅子に乗って壇上に姿を見せられた時です。その横で吉永小百合さんが詩の朗読をされました。その時の情景は今でも感激として残っています。

それはさておき、栗原さんが「生ましめんかな」を発表したのは一九四六年。「ヒロシマというとき」の発表は一九七二年頃です。前者は戦争被害の中で人間の生命にふれています。後者は「ヒロシマといえばパール・ハーバーと返ってくる」「ヒロシマといえば南京虐殺と返ってくる」と「加害」を指弾し、「ああヒロシマと／やさしい答えが返ってくるためには／わたしたちは／わたしたちの汚れた手を／きよめなければならない」と戦争責任とその償いを結びとしています。ここにも被害意識から加害・戦争責任の認識に至るまで約四分の一世紀を費やしています。栗原さんにはもっと早くからその認識はあったかも知れません。しかし、この詩をそのように受け止めるだけの認識が世間にあっただろうかということを問いたいと思います。

戦争の原体験の認識が希薄になってきています。体験者も少なくなっています。教科書も悪くなっています。扶桑社の歴史教科書だけではありません。最も注意しなければならないことは、重要な史実、継承されなければならない歴史が、教科書から欠落していくことです。それが十年も続けば、その世代から重要な史実は消され、そんな歴史は存在しなかったことになります。これは「歴史認識のちがい」などという問題ではなく、無知そのものということになります。

戦争体験の風化は、憲法第九条の中身も風化させていきます。憲法第九条を紙面に書かれた一片の印刷物にしてはなりません。社会の中に実体として存在させなければなりません。その源泉の一つになるのは、被害・加害の戦争体験を語り継ぎ、その戦争責任の償いをしていくことです。憲法第九条を守るということは、最大・最悪の人権侵害である戦争をなくすということとです。人類は戦争という最大の過ちをもう繰返えしてはならない。その意味において、平和教育が担わなければならない役割はきわめて大きいと考えています。

この書にある以下の文は主に九〇年代に書いたものです。各文は書いた動機も異なれば時間差もあります。全体を通して読むと若干の重複もありますがあえて整理をせずにそのまま掲載しました。それだけにどこから読まれても、一つひとつが、一つのまとまったものとなっていますので、言わんとするところや、その時々の背景・状況についてご理解いただけるのではないかと思っています。

二〇〇六年九月十八日

梶村　晃

天皇制国家主義教育から平和教育へ◉目次

天皇制国家主義教育から平和教育へ

軍事体制の教育から平和教育へ

教育の軍事化と戦時体制の子ども

一八七二（明治五）年に発足したわが国の近代学校教育制度は、第一次世界大戦頃には半世紀近くを経過していました。支配者側にとって日本がさらに帝国主義的発展を遂げるためには、教育全般についての検討が必要になっていました。しかも、当時、教育界においてはかれらの志向とはむしろ反対方向の「自由教育」の風潮が各地で提唱されはじめていました。また、大戦による生活難から労働運動は急速に活発となり、無産運動や社会主義運動が大きく拡がろうとする状況となっていました。それだけに危機を感じた支配者側（寺内内閣）はこれに対応するため、臨時教育会議を設置しました。会議は内閣総理大臣の直属審議機関となっていましたが、これに権威を持たせるために、全く異例ともいえる天皇の「上諭」をもって設置されました。この会議の設置意図は、天皇を中心とした国家主義の教育体制を打ち立てるとともに、ふくれ上がった経済体制が必要とする〝エリート〟や技術者の養成をねらいとするものでした。

会議は一九一七年十月から一九一九年三月に至る約一年半の間に合計三十回の総会、八十三回の主査委員会を開催し、次の九つの諮問事項についての答申と、二つの建議を行ないました。

一　小学校教育ニ関スル件
二　高等普通教育ニ関スル件
三　大学教育専門教育ニ関スル件
四　師範教育ノ改善ニ関スル件
五　視学制度ニ関スル件
六　女子教育ニ関スル件
七　実業教育ニ関スル件
八　通俗教育ニ関スル件
九　学位制度ニ関スル件
○　兵式体操振興ニ関スル建議
○　教育ノ効果ヲ完カラシムルベキ一般施設ニ関スル建議

これらの答申や建議はその後の教育政策に大きな影響を与えました。特に高等教育（エリート養成）、教育財政（削減）の改革や見直しは積極的に進められました。また学校教育の軍事化は中等学校以上に現役陸軍将校を配属するなど、すべての学校教育にその徹底を図ることに努めました。それはやがて十五年戦争となる戦争への道につながっていきました。

高等教育の改革は、臨時教育会議の答申を利用し、大胆な高等教育機関の拡張政策を一九一九年以降六カ年の継続事業として進めました。すなわち、高等学校十校、高等専門学校十九校の新設、帝国大学の拡張、官立単科大学の設置、それまで専門学校に位置づけられていた私立大学の大学としての認知（昇格）などとなっています。

これらの教育政策は、日本独占資本が第一次大戦後の帝国主義経済競争の激化に備え、それに打ちかつために「人間養成」「エリート養成」に重点をおいたものでした。いわゆるハイタレント養成がこの期における教育政策の重要な柱となっていますが、それが後述する学校教育の軍事化、国家主義の発揚と一体的に進められていることに注目しなければなりません。なぜなら、敗戦以後中央の教育政策と重なるからです。すなわち中央教育審議会（中教審）や臨時教育審議会（臨教審）の答申、それを足掛りにした教育改革が国家主義・愛国心の強調とエリート養成を一体的に進められているからです。

義務教育については、義務教育年限の二年延長が臨時教育会議で論議されたものの、結局切り捨てられました。しかし、当時の国内外の情勢に危機を抱いていた政府、独占資本やブルジョア政党は、その危機を乗り切るため、義務教育のあり方については徹底した追及をはじめていました。それは危険思想の追放を図り国内の階級矛盾を緩和させ、一方では帝国主義段階における海外市場の争奪に打ちかてる「国民」をつくりだすことをねらいとしました。

軍部の教育現場への介入

学校教育の軍事化は陸軍現役将校配属令（一九二五年四月十三日）実施を頂点にして強化されました。すなわちすべての中等学校以上の学校に現役陸軍将校が配属され、必須科目として全生徒に軍事教練が課されることになりました。将校配属令第一条によれば「……将校ノ配属ハ陸軍大臣文部大臣ト協議シテ之ヲ行フ」となっていますが、この制度によって軍部が学校教育現場に直接介入することになりました。しかも配属令では「配属将校ハ教練ニ関シテハ当該学校長ノ指揮監督ヲ受ク」となってはいましたが、実際には配属将校が学校全体に対し大きな発言力と影響力を持つようになりました。配属令第四条には「陸軍大臣ハ現役将校ヲシテ本令ニ依リテ将校ヲ配属シタル学校ニ於ケル教練実施ノ状況ヲ査閲セシムルコトヲ得」とあります。これによって「学校教練に対しては年に一度、陸軍大臣の任命した教練査閲官による査閲が義務づけられ」（『徴兵制』大江志乃夫、岩波新書）、全校生徒が査閲を受けるという学校あげての重要行事となりました。査閲の評価を上げるため、査閲の日に向けて毎日のように猛訓練をする学校が増えたことは言うまでもありません。

現役将校の配属は学校教育そのものに対する軍事化を目的とするものですが、もう一つは下級（予備）将校の予備軍を養成するというねらいも持っていました。それは、ひとたび戦争が起こっても兵士は召集できるが、欧州の過去の戦争の状況からして軍隊の中核となる将校を急に得ることは困難であることから、平時においてその予備軍を養成しておくということです。これは日本軍隊の組織構成、徴兵制とも大きくかかわりをもっています。生徒にとっては、在校中の配属将校が行なう「教練」の成績いかんが入隊後の幹部候補生（下級将校や下士官になるコース）資格にかかわるとされただけに、「教練」を軽視したり、逃避したりすることができない状況にも追い込まれました。

陸軍がこのような現役将校配属制を敷いたいま一つの要因は、当時の軍縮とも大いに関連があります。当時、加藤内閣によって軍縮が行なわれ、陸軍四個師団が廃止されました。軍縮により陸軍将校が余ることになりますが、それをそのまま現役将校として学校に配属しておき、戦争になればただちにかれらを軍備拡大の要員に充てるために備えておくということが配属制の要因にもなっていました。

軍事的教育制度の完成

教育の軍事化は一般の青年にも拡大適用されました。政府は勅令第七十号青年訓練所令（一九二六年四月二十日）をもって全国の市町村内に青年訓練所を設置しました。これは「小学校教育終了後、実業についた青年大衆に対し、業務の余暇に就学させる実業補修学校に接続させ、十六歳から二十歳まで四年間入所させ、修身公民科百時間、普通学科二百時間、職業科目百時間を課し、他方では教練を四百時間行なうというものであった（『現代日本教育政策史　続』海老原治善、三一書房）。青年訓練所令が出された翌年にはそれまでの徴兵令が改正され、兵役法が制定されました。兵役法は「青年訓練所の訓練またはこれと同等以上と認むる訓練を修了したものは現役二年の在営期間を六カ月以内短縮できる」（『徴兵制』）としました。このことは終了者に兵役上の特典を付与することによって、事実上の学校教練・青年訓練の義務化を図ることになりました。

これらの男子青少年を兵役までつなぐ教育の軍事化に対して、学校教練反対、青年訓練所反対、入所拒否などの運動が学生や労農青年によって展開されました。しかし支配権力はこれらを抑えこんで強引にその政策を進めました。なお、青年訓練所は一九三五年に実業補修学校と統合して青年学校となりました。

「青年学校は、小学校に引き続く二年の普通科の上に、女子三年、男子五年の本科を設置した。男子本科の授業時間九百六十時のうち、三百五十時が軍事教練に充てられた。こうして、義務教育―軍事予備教育―軍隊教育と接続する軍事的教育制度が完成された」（『徴兵制』）

教育の軍事化は男性に対してだけでなく、女性に対しても進められました。臨時教育会議においては、「女子ハ自ラ忠良ノ国民タルヘキナラス又忠良ノ国民タルヘキ児童ヲ育成スヘキ賢母タラサルヘカラス故ニ女子ノ教育ニ於テモ第一ニ国体ノ観念ヲ鞏固《きょうこ》ニシ国民道徳ノ根底ヲ固クスルト共ニ家庭ノ主婦トシテ又母トシテ其ノ責務ヲ尽スニ足ルヘキ人格ヲ養成スルニ努ムヘク」として良妻賢母を強調しました。良妻賢母とは、国家道徳を基礎において、忠誠な子どもを育てる賢い母であり、家庭にあっては夫に従い家を守る良き妻のことであります。

このような方針のもとに一九二〇年には高等女学校令が第一条の目的規定を「高等女学校ハ女子ニ須要ナル高等普通教育ヲ為スヲ以テ目的トシ特ニ国民道徳ノ養成ニ力《つと》メ婦徳ノ涵養ニ留意スヘキモノトス」として公布されています。このような国家観念に基づく子育ても含めた女子教育の考え方は、高等女学校に限らず、女子全体に対して改めて強調されました。それは小学校教科書などにおいても、たとえば「水兵の母」（第一期国定教科書〈一九〇四年より〉から第五期教科書〈一九四二年より〉）「一太郎やあい」（第三期国定教科書）など、軍国の母を讃美する教材となって登場しています。そしてこの女子教育の考え方は、国防婦人会から第二次大戦時における女子挺身隊、女子学徒動員、ひめゆり部隊などを生みだす精神的な基盤をつくりだして行きました。

思想の取締り強化へ

一九一八年七月から九月にかけて全国的な規模で米騒動が起こりました。これを機に小作争議、労働争議など全国的に民衆運動が発展しました。成年男子全員に選挙権を与えようという普選運動も大きく盛り上がりました。政府はこれに対し、民衆の運動や要求に一部譲歩するために普通選挙法を一九二五年に制定しました。しかし、それと抱き合わせに悪名高い治安維持法も制定（一九二五年）しました。

　支配権力はこの治安維持法の施行と呼応し、「学校教育ニ於テハ国体観念ヲ明カニシ国民的信念ヲ涵養スルコト最モ必要ナリ」とし、学校教育において「思想善導」策、思想取締りの具体策を強化します。

　まず文部省は一九二八年十月、高等教育機関の訓育機構を統括するために学生課を設置しました。同時に帝国大学、官立大学、高等学校などの直轄学校に学生・生徒主事、同主事補を配置し、学生・生徒に対し厳しい思想の取締りと同時に思想転向の指導に乗り出しました。

　同年十二月、文部省は第一回の学生生徒主事会を開催し、学生思想の取締りを強化する協議をしています。その主な内容は、学内における集会、新聞などについて公認制度を設け、その内容を掌握、検閲する。掲示板などについても許可制とする等々の詳細な取締り方策を確認しています。また個人指導についても、懐柔策から読書調査、ブラックリストの作成など微に入り細にわたる対策を協議しています。

　なお、学生課は設置された翌年、文部省の一部局として独立し学生部となり、さらに思想局（一九三四年）、教学局（一九三七年）と次々に機構を拡大強化し、国家主義体制強化へ向けてその活動の範囲を拡げていきました。

　一九三七年、文部省は国民教化用の印刷物「国体の本義」を発刊します。これは天皇制国家主義の理念を国民の中に一段と浸透させ国民思想の統一を図ろうとするものでした。中等学校以上及び尋常高等小学校などにおいては、この難解な「国民の本義」を「修身」科の教材などに使用し、生徒たちへの浸透を図りました。

この印刷物は、「……五年間に百三万部印刷され、学校、社会教育団体などを通じて全国に配付された。そこでは記紀の神話や古典から日本の国体の説明に都合のよい部分をふんだんに引き、そのうえで『抑々《そもそも》我が国は皇室を宗家とし奉り、天皇を古今に亘る中心と仰ぐ君民一体の一大家族国家である。故に国家の繁栄に尽くすことは、即ち天皇の御栄えに奉仕することであり、天皇に忠を尽くし奉ることは、即ち国を愛し国の隆昌を図ることに外ならぬ。忠君なくして愛国はなく、愛国なくして忠君はない』。というように、『没我帰一』こそ日本人の生きる道であると語りかけた。この冊子は多くの小学校で卒業生に贈られた」(『日本教育小史』山住正己、岩波新書)。

続いて一九三九年五月二十二日、「青少年学徒ニ賜ハリタル勅語」が下賜《かし》されました。

この日には皇居前広場の天皇の前に多くの学生が集まり、分列行進(軍事教練)を行なっています。その様子を『天皇と勅語と昭和史』(千田夏光著)から引用し、「青少年学徒ニ賜ハリタル勅語」を書いておきます。

皇居前に全国の中等学校以上の学生生徒代表三万二千五百余名を集め、天皇の〝親閲式〟が開かれていった。終わると東京市の繁華街をそのまま行進させたのだった。その中には、

正誤表●『天皇制国家主義教育から平和教育へ』

頁　行　誤　正

二八　一行　「国民の本義」→「国体の本義」
三四　五行　旧制尋常高等学校→旧制尋常高等小学校
六八　一行　日本唯一→日本でもっとも激しい
六八　七行　あげた日です。→あげた日とされています。
一六四　六行　「お国のために死ねと教え」→「お国のために死ね」と教え
一九〇　一三行　摩藩→薩摩藩
一九二　九行　摩藩→薩摩藩
二三〇　九行　忠誠を尽くす→忠節を尽くす
二三七　一行　公民科時間→公民科百時間
二五二　二行　以降七〇年、七一年、七四年と→六九年から七三年まで
二五三　七行　国歌を掲揚→国旗を掲揚
同　一五行　「前記の三木四原則→前期の「三木四原則」
二五四　九行　閣僚十九人が→閣僚十七人

はるばる中国大陸にある日本人中学校から上京してきた者もいたが、いずれも小銃で武装、兵隊の観兵式そっくりの分列行進を天皇の前に繰り広げたのだった。「国民精神ノ昂揚」はまず青少年学徒から、その先兵とされたのだった。空には学生飛行連盟員が軍部提供の軍用機十機で編隊飛行を行っていた。時の文部大臣は陸軍大将荒木貞夫で、ここで下賜されたのがこの「青少年学徒ニ下シ賜ハリタル勅語」であった。

全国の中等学校以上の学校では直ちにその奉読式が、これも武装した学生生徒の前で行なわれたが「道タル甚ダ遠シ而シテ其ノ任実ニ繋リテ汝等青少年学徒ノ双肩ニ在リ」のところでどの校長も一段と声を張り上げていた。

青少年学徒ニ下シ賜ハリタル勅語

國本ニ培《ツチカ》イ國力ヲ養ヒ以テ國家隆昌ノ氣運ヲ永世ニ維持セシムトスル任タル極メテ重ク道タル甚ダ遠シ而《シカ》シテ其《ソ》ノ任實《ジツ》ニ繋《カカ》リテ汝等《ナンジラ》青少年學徒ノ雙肩《ソウケン》ニ在リ汝等其《ソ》レ氣節《キセツ》ヲ尚ビ廉恥《レンジ》ヲ重ンジ古今ノ史實《シジツ》ニ稽ヘ中外ノ事勢ニ鑒《カンガミ》其《ソ》ノ思索ヲ精ニシ其《ソ》ノ見識ヲ長ジ執《ト》ル所中ヲ失ハズ嚮《ムカ》フ所正ヲ謬ラズ各其ノ本文ヲ恪守シ修メ武ヲ練リ質實剛健ノ氣風ヲ振勵《シンレイ》シ以《モッ》テ負荷ノ大任ヲ全クセシムコトヲ期セヨ

その後、この勅語は多くの学校で教育勅語が奉読された後、続いて奉読されるようになりました。この年七月七日、盧溝橋事件があり、日中戦争へと拡大していきました。国内は「挙国一致」「尽忠報国」の戦時体制へと突入していきますが、教育もまた「戦時教育体制」確立へ向けて一挙に走り出します。

一九三七年十二月、教育審議会が、前述の臨時教育会議同様、内閣総理大臣の直属機関として設置されました。同審議会は幼稚園から大学まで全ての学校教育の内容・制度にわたって改革に取り組みました。その中で特に注目されるのは、それまでの小学校が一九四一年から国民学校として大きく変わったことです。

国民学校は「国民の基礎的練成」を行なう場とされ、その教育内容は、国民科（修身・国語・国史・地理）、理数科（算数・理科）、体錬科（武道・体操）、芸能科（音楽・習字・図面・工作）、その他となりました。その中では、天皇陛下、神国日本、八紘一宇、大東亜共栄圏などの用語がやたらと使われ、また日本があたかもアジアの盟主であるかのような内容が盛り込まれていました。（国史ではその前年、小学校教科書が改訂され、〝神勅〟がすでに登場していました。）

体錬科においては武道に重点がおかれ、柔・剣道の型や女子には長刀《なぎなた》の型が取り入れられ、校庭で高学年児童全員が寒風吹きすさぶ中、上半身裸でその型を演ずるといった光景もしばしば見られました。音楽の授業はドレミファソラシドの呼称が廃され、ハニホヘトイロハと唱えさせられ、曲目も忠君愛国、軍国調のものが多くなりました。またハ、ホ、ト（ドミソ）など和音を聴くことが強調されました。それは敵潜水艦や飛行機の爆音を聴きわけることに役立つとされました。

このような教育の中で、現人神の神国日本には必ず神風が吹くと敗戦まで信じていたものがたくさんいました。

この国民学校発足の前年は、神武天皇の即位から二千六百年になるということで、十一月に祝賀行事が皇居前広場で盛大に行なわれました。また全国各地でも大小さまざまな祝賀行事が行なわれ、多くの児童が日の丸の小旗を持って、それに参加させられました。その時の名残りを今日になっても、各地のお宮などで「皇紀二千六百年記念」の石柱などを見出すことができます。

若者の多くが志願兵に

一九四一年十二月八日、太平洋戦争がはじまりました。国民学校の教室では大きな世界地図が掛けられ、拡大してゆく日本軍の占領地に次々と日の丸の小紙が貼られていきました。家庭でも子どもが同じようなことをしていました。

ところで国民学校より上の年齢の青少年はどうなっていたのでしょう。

一九三八年、満蒙開拓青少年義勇軍の制度が発足しました。資格は十五歳以上となっていましたが、ほとんどが貧しい山村の二男、三男が応募しました。「日本民族を指導者とする五族協和の王道楽土」を「満州」に建設するという美名のもとに、そして、三年経てば一人十町歩の土地が与えられ、開拓農民として独立できるという条件のもとに、多くの若者が大きな夢を描き、使命感に燃えて駆り出されていきました。

しかし、送り出された先は「満州」の東北部、ソ満国境に近いところで、しかもその土地は大半が現地農民を追い出し、取り上げてつくられた〝開拓地〟でした。かれらを待っていたのは、根強い現地農民の抵抗と、抗日ゲリラの攻撃、そして厳冬でした。

応募者は当初こそ定員五千人を大きく上廻りましたが、その後、年々低下し、定員割れとなりました。そこで、国民学校高等科（前の高等小学校）に募集人員が割当てられ、担当教師が生徒や親を説得して人数を揃えるという有様でした。敗戦までに八万六五三〇名（『満蒙開拓青少年義勇軍』上笙一郎、中公新書）の青少年義勇軍が「満州」に送り出されましたが、ソ連軍の侵攻、敗戦とともにかれらは日本軍からも捨て去られ、その惨状は筆舌に尽くし難いものとなりました。死亡者は約二万四二〇〇名（『満蒙開拓青少年義勇軍』）にもなるといわれます。

青少年（十五歳以上）を対象にした志願兵制度は、陸軍少年航空兵、少年戦車兵、海軍飛行予科練習生などがつくられました。聖戦と信じ、天皇陛下とお国のためと思いつめ、映画やマスコミの宣伝に魅せられ、多くの若者が志願し、若き命を〝桜花〟のように散らしていきました。

一九四三年には、〝学徒出陣〟がはじまりました。この学徒の戦没兵の手記は敗戦後『きけわだつみのこえ』（岩波文庫）に集録されています。

一方、中学生以上の在学中の者は、勤労学徒として軍需工場に動員されました。動員中に広島・長崎をはじめ各地の空襲にあい、多くの学生・生徒が死傷しました。また、一九四五年、沖縄県下の師範学校、中等学校、女学校の生徒と教師は、沖縄戦に参加し、熾烈な米軍の攻撃によってその多くが死亡しました。

子どもへの「しわよせ」

日本本土の空襲が激しくなった一九四四年には、防空上の必要から東京をはじめ十三の都市で〝学童疎開〟がはじまりました。疎開は縁故を原則としましたが、地方に縁故がない児童は、小学校ごとに親元を離れて田舎に集団で疎開させられました。そこでは、授業はおろか、食料不足、ノミ・シラミなどの不衛生な環境、ホームシック、子供同士のいじめ、教師不信など悲惨な状況に直面しました。沖縄から疎開児童他を乗せ鹿児島に向かった対馬丸は途中アメリカ潜水艦に撃沈され、その大半が死亡しました。これは学童疎開の惨事の最たるものです。

「敗戦」で家を焼かれ親を失い、それでも生き残った子どもたちは、焦土と化した焼野が原に放り出されました。かれらは「戦災孤児」と呼ばれましたが、誰も手を差し伸べるものもなく、それに耐え自力で生きていくしかないという厳しい現実にさらされました。

――戦争はその最前線に若者を駆り出し、また一番の弱者である子どもたちにその被害のしわよせをしてきました。それにも増して、侵略された側の人民や子どもは、その何倍もの苦しみ、悲しみにあってきました。この歴史的な事実を過去のものとすることなく、この戦争体験をこれからの人類の平和と人権などに役立てていかねばなりません

敗戦の中から平和教育

旧福岡師範学校の名簿を見ると、たとえば「第五十八回昭和十五（一九四〇）年三月、一部（旧制尋常高等学校二年を終えて師範学校の五年課程に進むコース）の卒業生」は四十名中十三名が戦死となっています。全寮制の旧師範学校は兵営における軍隊生活をそのまま引き移したものでした。そこで育成された卒業生は、子どもの軍国主義教育にあたらせられ、またアジア・太平洋戦争では即戦力として、あるものは兵として、多くは下級将校として駆り出されていきました。ここで旧師範学校について詳細を述べることは省略しますが、少なくとも教師が戦争を遂行する上で、一つの大きな役割を担わされてきたことだけは紛れもない事実です。この名簿はそのことを如実に物語っています。

したがって敗戦後、教師が戦争について本当に考え、心から平和を求める行動に参加していったのも、それなりに大きな歴史的背景があったといえます。四十名中十三名の戦死といいますが、それだけに生きて帰ってきた人間は、教師は、直接の戦争体験を通し、そしてまた戦争責任を感じ、死者の思いも含めて、平和を希求したに違いありません。

日教組の結成と「護憲・平和」思想

敗戦後程なく結成され、いちはやく平和を叫び続けてきた日本教職員組合（日教組）には、そういう教師の切なる願いが寄せられ、大きな全国の運動となって発展しました。その運動は十分なものであったかどうかは別として、日本の平和運動に一つの役割を果たしてきました。その平和教育は「護憲・平和」の大きな支柱となってきたことは否定できません。

日教組は一九四七年に結成されますが、それ以前から全国各地の教師は手さぐりの状態の中で平和を求めていきます。その一つの集約ともいえるのが、日教組結成大会に次のような綱領となって出てきます。

一、われらは、重大なる職責を完うするため、経済的、社会的、政治的地位を確立する。
一、われらは、教育の民主化と研究の自由の獲得に邁進する。
一、われらは平和と自由を愛する民主国家の建設のため団結する。

もちろんこの時代は挙げて平和を唱え、民主主義を叫んだ時代であったかも知れません。しかし、日教組がこのような綱領を採択したことは、その後の日教組、いや日本の教師の方向を大きく定めていったといえます。

この時代には政府や文部省も平和や平和教育について積極的な見解を示していました。たとえば、「新教育指針」（文部省、一九四六年）によれば、「第六章　結論 ―― 平和的文化国家の建設と教育者の使命」の項に相当の紙数をさいて詳しく平和について述べています。今読み直してみると、同じ政府（文部省）のものでもまさに隔世の感がします。その一部を抜粋します。

一、人間のほんとうの願ひは何であるか

（一）平和への願ひ

戦争に負けたから、軍備を取りあげられたから、やむを得ず平和を愛する、といふのではない。むしろ人間のほんとうの要求を充たすために平和を愛するのである。人はだれでも心の奥底においては平和を愛してゐる。一たび戦争が起つたからには、祖国のために、夫をささげ、子を失ひ、家を焼かれてもがまんをして戦つたのであるが、しかし、このやうな悲惨（さん）な戦争を起さずにすむことならそれにこしたことはない、と人々は心の底で願つたのである。国民を戦争へとかり立てた人々すら、戦争を目的として戦ふのではなく、平和のために戦ふのだ、平和をみだすやうな不正や不公平を取り除くために、やむを得ず戦争をするのだ、と説明した。かうした説明は、他国をおかす野心をかくすための口実である場合が多い。しかしこのやうな口実をつくらねば戦争ができないところをみると、人間のほんとうの願ひは平和にあるといふことがわかる。軍国主義及び極端な国家主義がいけないのは、かうした人間のほんとうの願ひにそむくことをさせるからである。

二、これからの日本はどんな国であるべきか

（一）平和国家――国内平和と国際平和

……国民の間に階級の差別や貧富の甚だしいへだたりなどがあつて、不満や反目が起ると、それが原因となつて戦争をはじめることもある。すなはち国内のむづかしい問題を解決するために、外に向かつて事をかまへ、戦争によつて不満や反目を除かうとくはだてることがある。満洲事変から太平洋戦争に至るまでの日本のたどつてきた道をふりかへつてみると、国内における国民生活の不安定や、国民おたがひの反目がもととなって、五・一五事件とか、二・二六事件とかのやうな事件が続き、このなやみを戦争によつて解決しようとはかつたことがわかる。平和国家としての日本は、何よりも先づ国内の平和につとむべきであつて、さきに述べた「人間性・人格・個性の尊重」や「民主主義の徹底」はこのためにこそ必要なのである。

……満洲事変以来、日本が国際連盟の理事会や総会において、一三対一とか四二対一とかの投票によつて、日本以外のすべての国々から反対されたにもかかはらず、何の反省もすることなく、つひに連盟からぬけ出して国際的にひとりぼつちとなり、それがやがて太平洋戦争を起しまた敗れる原因となつたことは、実に日本のおかした大きなあやまちであつた。このやうな態度を改めなければ平和国家として生れかはることはできないのである。

（「新教育指針」「第六章　結論――平和的文化国家の建設と教育者の使命」）

この時代は、まだ戦争の傷跡が至るところに残っており、それらを教材として教師の戦争体験も交じえて平和教育が全国的に取り組まれていました。しかし、当時は米軍が占領直後に設けたプレス・コードの影響下にあって、特に広島、長崎の原爆などにふれることができず、「真の平和教育」としては、十分なものではなく、ようやく緒についたという段階であったといえます。

しかし、一方、アメリカや日本の一部権力者の間では、すでにこの時期、教育・思想の反動化政策が進められていました。その意味においてこの時代は非常に注目に値する時代です。

間もなく朝鮮戦争（一九五〇年六月二十五日）がはじまります。これを機に平和教育は権力に対決するものとして発展していきます。

朝鮮戦争による影響が深刻化

福岡県はこの時、米軍の最前線基地となっていただけに、戦争に対する恐怖とその被害も甚大でした。その状況は次のように記されている。

開戦の直後、六月二十九日の夜に米軍板付基地は突然の警戒警報――米空軍当局は発令と同時に拡声機つきトラックで福岡市民に警告を伝えた（「西日本新聞」一九五〇年六月三十日）―― 空襲の恐ろしさが身にしみているだけに、福岡市民に深刻なショックを与えた事件であった。七月二日、国警福岡管区本部は九州各県の警察隊長を招集して、灯火管制や警備態勢を指示する騒ぎであった。福岡県は、県内に小倉・芦屋・築城・板付と、米軍の重要な基地が存在していた。しかも地理的には朝鮮と一衣帯水の間にある。したがって、朝鮮戦争は、福岡県民の生活に深刻な影響を与えずにはおかなかった。

小倉では出動直前に黒人兵の暴動が起こって（『近代日本総合年表』岩波書店）、日本人に多数の死傷者が出たり、空軍基地の芦屋・築城・板付では、昼夜の区別なく戦闘機が発着し、その爆音による被害、―― 鶏が産卵しなくなる、乳牛の乳がとまる。神経衰弱や精神障害者の続発、学校の授業中断や続行不能 ―― が次々に公表された。

また、戦闘で殺気立った兵士が一時の休養のために帰ってくると、酒・女・暴力とすさんだ心のまま行動し、数々の事件を引き起こした。戦闘での死者が後送され、防腐処理のため多数の日本人アルバイトが動員された。

このような、戦時状態といっても過言ではないような福岡県の生活環境は、必然的に、敏感で柔軟な青少年の心に、重大な暗影を投じたのである。（『福岡県教組二十年』）

築上郡築城村の人口比、「性病罹患率」と「犯罪発生率」は県下で最高（昭和二十七年一月 ―― 十一月）となり、神奈川・埼玉両県内「米駐留軍施設」周辺の「蝕まれていく農村」

と同じ問題が九州でもクローズアップされてきた。昭和二十五年夏までは戸数千百五十戸、人口五千六人、周防灘に面した豊かで平和な農村だったが、同年暮から建ちはじめた横文字看板のバラックは、この十一月現在ビヤホール、キャバレー八十軒、ハウス十軒、「街娼」約百千人（築上保健所、同地区署調べ）となり、村内を歩く若い女たちの半数はドギツイ化粧をしている。今夏ごろから朝鮮戦線停滞のためアブレル日の多くなった街娼の眼は次第に純朴な農村青年に向かい、ドル買い、ポン密売買が白昼公然と行われるようになったといわれ、村および当局は種々検討協議を進めたが効果が上がらない……。

（「毎日新聞」小倉版、一九五二年十一月二十九日）

朝鮮戦争の影響は月日がたつにつれ日増しに激しくなり、特に基地周辺の子どもが蝕まれていきました。これに対し、「教組は教育者の組合として、好戦的傾向を助長したり、廃退的文化に蝕まれる風潮や環境から『子どもを如何にして守るか』という切実な問題」（『福岡県教組二十年』）に取り組みました。

日教組は具体的な平和運動の一つとして、「戦争玩具の追放」運動などを提起しています。この時、福岡では教組の青年部・婦人部が戦争オモチャを大量に集め、福岡市の中心街で燃やしたりしました。さらに、平和教育に関する情報の収集、試案の作成、平和教育委員会の設置、講演会、街頭宣伝、声明発表、平和教育論文・平和玩具・平和綴方・平和紙芝居の公募、「緑の山河」普及などに取り組み、平和運動を推進しました。

「緑の山河」は日教組が国民歌として公募した中から選定した歌曲です。この歌曲を地域の人びとや子どもたちの間に普及させようとして日教組は全国的な運動を展開しました。福岡県では時期としてもタイミングよく、県下各校の運動会の体育ダンスとして多く取り入れられ、全県の子どもたちに歌われました。それから四十年余を経た現在では、「緑の山河」は日教組の集会時にしか歌われなくなってしまいました。しかし当時は、一枚二百円でレコードが各学校に大量に販売され、しかも、体育ダンスの振り付けに行政も組合と一緒になって出張指導まで行なわれていました。

「日本こどもを守る会」発足

このような平和を守る運動や平和教育の取り組みにもかかわらず、基地周辺の青少年の非行化は増加の一途をたどり、放置できない社会問題にまで発展しました。しかし、政府や行政がほとんどこれに対し積極的な措置を講じようとしないのは、いつの時代も同じことのようです。そこで、一九五二年五月、長田新、羽仁説子、宮原誠一、秋田雨雀、伊藤昇などの知識人と日教組が中心となって「日本子どもを守る会」を結成しました。子どもを守る会は、児童憲章の完全な実現、憲法の精神に従って子どもを戦争から守り、悪環境や条件を排除し、みんなの力で子どもの幸福を高めることを目的とし、地方に多くの組織をつくる運動、会報の発行、サービス・センターの開設など、直接的な社会環境の改善を進める運動を展開しました。

福岡県教組もこの中央の発足をうけて、県内四つの基地を中心にＰＴＡ、地教委、町村当局との協力で「子どもを守る会」を発足させます。そして、一九五三年一月には、基地周辺の「子どもを守る会」現地座談会などを開催しました。たとえば築城基地（現在自衛隊基地）を中心とする八築中学校の懇談会には、村長、公民館長、青年団長、児童保護委員、村教育委員なども参加し、「村民運動」の形で子どもを守る運動が盛り上がっていきました。

平和教育への弾圧

一九五〇年代後半は、日本の政治・経済全般にわたって政府・自民党の手により大きく体制的に反動化していった時代です。教育においても例外でなく、むしろ集中的にそのことがあらわれています。これに対して日教組に結集する全国の教育労働者は、教育課程の改悪・学習指導要領の拘束性反対、勤務評定反対、学力テスト反対などのたたかいを中心に民主教育を守る全国的な闘争を展開しました。そして、全国の労働者、民主勢力は、「三池・安保」のたたかいをピークに反動攻撃に対するたたかいを進めました。

この時代、平和教育に限って問題をみますと、それは内容的にも制度的（形式的）にも権力体制と厳しく対立するものとなっています。以下、いくつかの具体的な問題を取り上げます。

一九五三年、日本政府の特使として訪米した自由党政調会長池田勇人は米国務次官補ロバートソンと防衛問題について会談しました。いわゆる「池田・ロバートソン会談」です。そこで「愛国心」を助長し、再軍備のための教育を日本の青少年に実施していくことが確認されました。これと前後して「山口県教組日記事件」「京都市旭丘中学問題」などの「偏向教育」問題などと関連して、この時期頃から急速に平和教育への弾圧が強められました。

文部省は一九五五年、「小・中学校社会科指導要領」の改訂案を発表し、天皇の地位を強調しはじめます。民主党は、パンフレット「憂うべき教科書問題」を発行し、戦後教科書の第一回の弾圧ともいうべき改革を加えます。それは、当時の教科書の内容が「赤い」とか「偏向」しているとして、特に「民主主義」や「平和」についての考え方（記述）を否定したものでした。しかしこの問題は、日本学術会議の「学問・思想の自由委員会」が、学問・思想の自由を侵すおそれがあるとして民主党に警告を発したのをはじめ、マスコミも筆をそろえて批判を加え、また民主勢力の反対や批判にあって不評に終わりました。けれども、これを一つの機として、文部省の教科書検定が急速に強化されていきました。

たとえば、一九五七（昭和三十二）年度使用教科書では、教科書検定審議会の裁定で不合格とされた社会科教科書は八種類にも及びました。「F項パージ」という言葉が使われ出したのもこの頃からです。この時のいわゆる「F項意見」の例をいくつか挙げると、

○新憲法が国民の総意によって作られたというがごとき表現は一方的である。

○サンフランシスコ条約やMSA協定など、すべての国民の希望によって生まれたのではないという表現は不適切である。何ごとについても、国民全部が賛成することは可能であろうか。
○太平洋戦争については、日本の悪口はあまり書かないで、それが事実であってもロマンチックに表現せよ。
○与謝野晶子を戦争反対者の中に加えるのは誤りである。
○松井昇の絵「軍人遺族」（さしえ）のような御物で反戦思想をあおるのはよくない。

などがあります。この後、教科書検定はますます厳しくなり、一方では東条英機のさしえまでがとび出したりしました。

地道な「平和教育」の実践

一九五〇年後半から六〇年代前半にかけては、学習指導要領の「拘束」、教科書検定の一方的な強化、文部省の道徳指導資料の配布、さらには中央教育審議会答申の「期待される人間像」などにみられる一連の思想改革によって大きく「平和教育」がゆがめられていきました。このような状況の中で、全国の多くの教師は、地道な実践とねばり強い権力支配に対する抵抗闘争を通じて、権力の実態をより正確に把握していきました。それは憲法・教育基本法の理念に基づく民主教育・平和教育を推進するには、現段階では支配権力に対決する以外にはないというものでした。全国的には教科書批判や教育課程の自主編成運動などが進みました。しかし、管理体制や教育内容統制の強化、さらには差別・選別の教育体制が進行する中で、必ずしも十分な効果を上げたとは言えないようです。

一九六〇年代後半に入ると政府・自民党、独占資本からの思想攻撃は一段と激しさを加えてきました。

天皇を敬愛することは愛国心につながるとする「期待される人間像」に続き、紀元節（建国記念の日）の復活、文部省による神話の歴史教育への導入、「佐藤・ジョンソン会談」、「日米共同声明」、灘尾文相の「小学生からの国防意識の教育」、「明治百年」さらには「国防白書」までがとび出すほど、全く平和を否定する攻勢が強められてきました。しかもそれは思想攻撃だけでなく、米軍の肩代り、自衛隊の強化、すなわち第四次防へと軍事面において体制的に強化されていきました。

このような軍備強化が進む中で、六〇年代の中頃から、特にベトナム戦争・沖縄問題を中心にして、再び「平和教育」重視が叫ばれはじめました。これを日教組の全国教育研究集会でみますと、たとえば第十七次教研全国集会（一九六七年度）の総括の中では次のように指摘されています。

ベトナムを軸とする沖縄・日本・朝鮮の新しく激動する戦争の危機意識、加えて、「国防教育重視」の灘尾発言をはじめとする、佐藤・下田・源田・倉石・牛場などの「沖縄への核導入」「原爆保有」など戦争への道に著しく傾斜していこうとする一連の発言に、いま国民、教師は日本の運命と民主教育の危機を敏感に感じとっている。

いうなれば、新潟教研はそのただ中での全国集会であった。マスコミも強い関心を持ち「国防教育」に抵抗する教育への期待を寄せていたが、その中で「イデオロギー的なナマな批判をむき出しにせず、怒りを腹におさえて、自分の実践を探ろう」と「沈潜した姿勢」で、具体的に「平和教育」の内実に迫ったといえよう。

以上の指摘のようにこの時期、全国の教師は平和の危機を感じ、地道な具体的な実践を再び強化していきました。そして全国的に沖縄復帰運動が盛り上がる中で、「沖縄を教える」運動が大阪を起点に、現地沖縄と呼応しながら展開していきました。これが第十八次教研全国集会（熊本）で沖縄代表の「沖縄を教えるのではなく沖縄で日本の平和と独立・民主主義を教えてほしい」といった指摘となり、参加者全員の共感を呼びました。

その時から「沖縄で教える」運動として、さらに全国に拡がっていきました。沖縄教職員会編の沖縄読本『われらの沖縄』『わたしたちの沖縄』の購読運動も教育実践とあいまって全国的に進みました。

原爆を原点に

八月六日、八月九日、原爆被災、敗戦、それ以後の日本人の原爆に対する認識はどうなっていたのでしょうか。

敗戦、連合軍の占領から講和条約が発効する一九五二年四月まで、連合軍は占領政策に沿わなかったり批判したりする新聞記事を取り締まるため「プレスコード」と呼ばれる報道規制を行ないました。

このことによって、世界唯一の被爆国でありながら、原爆の惨状をほとんど知らされないという事態が続きました。それだけに一九五三年八月、日教組が制作した映画「ひろしま」が、東京・広島・長崎での試写会を皮切りに、全国各地で上映されると大きな反響を呼びました。

一九五四年、アメリカが太平洋ビキニ環礁で行なった水爆実験で、漁船第五福竜丸や周辺の島民が死の灰を浴びました。放射能を帯びた雨が降りました。これをきっかけに各地に原水爆禁止の運動が起こり、ようやく全国的にその実態と原水爆禁止の重要性が認識されるようになりました。

しかし、原爆が「平和教育」の原点として位置づけられ、具体的、系統的な教育実践として展開されるまでには、さらに年月を経なければなりませんでした。

〝ひろしま〟を昔話にしないために

一九六〇年代末に広島の教師たちが広島市および周辺の五中学校の生徒を対象に調査を行ないました。その結果、次のようなことが明らかになりました。

○投下された都市はほとんどが知っていたが、投下した国がアメリカだと答えられない者（一〇％前後）
○投下年月日時刻が正しく答えられない者（三〇―四〇％）
○長崎の被爆や第五福竜丸の死の灰による被災について知らない者（過半数）
○広島の原爆資料館を見ていない者（二〇％）
○原爆の知識は、ほとんど家族からか、テレビからのものであり、学校の先生から習った者（一〇％）
○被爆については同情するが、自分には関係ないと考える者が大半で、原子爆弾は「カッコイイ」と考えている者（一〇％前後）
○「原爆ゆるすまじ」の歌をほとんど歌えないし、聞いたこともない者（八〇％前後）
○被爆者援護対策のあることを知っている者（三〇％前後）

（『未来を語りつづけて』広島被爆教師の会編、労働旬報社）

この調査結果を前に「現在の子どもにとって〝ひろしま〟は昔話であり、それどころか、原爆肯定者までいるという事実を前に、広島の教師は何をなすべきだろうか。〝ひろしま〟が打ち消されていく教育の逆流に、広島の教師が拱手傍観してよいはずはない。〝ひろしま〟を教え続け、過ちを繰り返さないための教育を誓った広島の教師が、これ以上沈黙していることは、〝原爆の子〟や原爆犠牲者への許しがたい背信行為であり、罪悪でさえある」として一九六九年三月二十五日、広島県下六百余名の被爆教師が、平和教育の再興を誓って「広島県原爆被爆教師の会」を結成しました。被爆教師の会の会長、石田明さんは次のような詩にその決意を託しています。

原爆教育の心

あれから二十年
　兄の死、それを追うように母の死
二十年　よくこそ生きたわが生命を
　すばらしいと思う
よくこそ甦らせてくれた
　何かのはかりしれない恩恵に

大声でありがとうを言いたい
身体の底になお、原爆は巣喰っていても
　たたかわねばならない
二十年も生きたんだもの
兄のねがいに
焼け死んだ人たちの叫びに
　こたえねばならない
人間の知恵でつくったもので
　人間が滅んでいく
この愚かなことをくり返させぬために
この愚かなことをしくむ死の商人の
　動きを許さないために
戦争という　人間のだれかが仕組んだ
　大量殺人行為を阻むために
ひろしまの生きた証言を
　全世界のものにするために
事実をおおう　黒い波を閉ざすために

甦った命は　これらの仕事を背負って
いつまでも生きねばならない
わたしの過去を　わが子にくりかえさせない
親としての責めを
からだをはって存分に果たさなければならない
教師として真実のかくされることに
こぶしをあげて　たたかわなければならない
教え子を、再びわたしと同じにさせてはならないから
教え子を愚かな者の群に入れてはならないから
人間のほんとのしあわせのために

平和教育の拡がり

それまでの広島においても個々人でしか取り上げられていなかった平和教育が、被爆教師の会を中心に原爆を原点にすえた平和教育として大きく取り上げられ、実践が拡がっていきました。それに呼応して一九七〇年には長崎の教師たちが大きく取り組みをはじめました。一九七二年には大分の教職員が八月六日一斉授業に、続いて福岡は一九七三年から「八・六一斉平和授業」に取り組むことになりました。

やがて九州全域から全国へと実践は拡がりました。これらの平和教育の拡がりには各県教職員組合が大変な努力を続けてきました。

長崎では教師たちが、それまで平和教育について何もしなかったということではないが、原爆を原点として平和教育運動に取り組むようになったのは、原爆二十五周年（一九七〇年）からです。当時の状況は、直接被害を受けた被爆者は生存しており、その人たちへの援助措置も十分でなく、加えて「原爆二世」といった深刻な問題など当面している課題が山積していました（それは現在も解決されることなく続いています）。

政府・独占資本はそれらを放置したまま、逆に軍備拡張・軍事大国への布石を着々と進めていました。一方、「原爆」を知らない子どもたちは増え、国民全体の中にも原爆が風化し忘れられようとしていました。

長崎ではじめられた「八・九」の取り組みは、このような状況に立って「原爆」を継承し、現在の平和への課題を追究しようとするものでした。したがって長崎の教師たちが平和教育の取り組みの原点を八月九日の原爆投下の日においたのは当然のことです。

一九七〇年八月九日、長崎市内の小・中学校は児童・生徒の全校登校日として「原爆教育の日」の取り組みを進めました。これに対して長崎市教育委員会は、全校登校日にするのは被爆した関係校だけでよかろうという程度の認識でした。この「八・九原爆教育の日」は翌一九七一年、長崎県教組の定期大会で全県的に取り組む方針が確認され、長崎市から県下全域に拡がっていきました。
なお、長崎市教委は、一九七一年度に「八・九原爆の日」の登校日が市内小・中学校の七六%にも達しようとする情況を察知するに及んで、七月十七日、次のような通知を各学校長宛に出しています。

「原爆記念日」の取り扱いについて（通知）

昭和四六年七月十七日

長崎市教育長　井上寿恵男

市立小・中・高等学校長殿

「原爆記念日」の取扱いについて（通知）

標記のことについて、下記事項に留意され、児童・生徒の指導にあたられるようお願いします。

記

一、目的
原爆記念日は（八月九日）の意義を理解させるとともに、長崎市民としての自覚を深め郷土の発展に努力し、世界の平和に貢献しようとする態度を育成する。

二、機会

夏季休業日の事前指導、または休業日中の児童・生徒の登校日などの機会をとらえて、全校または学年・学級で取扱う。

三、取扱い上の留意点

(一) 教育基本法第八条および第九条の趣旨にもとることがないように配慮すること。

(二) 児童・生徒の発達段階をじゅうぶん考慮して指導内容を選択すること。

四、取扱い事項

(一) 原爆記念日の意義

原爆投下の被害の概要と、その恐ろしさを知り、長崎市を平和で文化の豊かな市として発展させる覚悟をあらためてする日であること。

なお当日は、長崎市として「平和祈念式典」が行われること、午前十一時二分サイレンの吹鳴等の合図によって、式に参列する、しないにかかわらず「もくとう」をささげること。

(二) 原爆の被害

原爆被害の概要と、その恐ろしさを知らせ、平和をいっそう愛する気持を育てる。

(三) 被爆者の現状

被爆者の中には今なお多くの人々が原爆症に悩んでいることを知り、見舞いやはげましの気持をあらわすべきであることを知らせる。

（四）平和への願い

市民の、平和への願いと、力強い復興への意欲によって、りっぱに復興したが、今後ともいっそう平和で文化的な郷土を建設するような、絶えざる努力を続ける態度を育てる。

これは、それまで見向きもしなかった市教委が、「原爆教育の日」の取り組みの盛り上がりに対してこのような措置をせざるを得なくなったことを示しています。しかし、八月九日そのものを登校日にすることには何らふれていないし、被爆者に対しては同情的であり、平和に対しては心情的な愛をもって臨もうとしています。これでは、原爆を原点にして現代における「戦争のしくみ」を歴史的・科学的に認識し、平和を創造していこうとする平和教育は育たないでしょう。むしろ心情的・観念的な「平和教育」によって真の平和教育が規制される要素を多分に含んでいるといえます。

「原爆読本」発行

一九七二年、長崎県教組は「原爆読本」を発刊しました。長崎の被爆教師が、戦争を知らない子どもたちに原爆を通して平和を考えさせようと、「祈りにも似た気持」で書いたものです。内容は、初級『雲になってきえた』、中級『夾竹桃の花さくたびに』、上級『原子野のこえ』、中学生用『三たび許すまじ』の四冊となっています。発刊以来五年間で八万部も読まれています。

しかし、この「原爆読本」の購読や、教材としての使用については教委や校長が大きな制約を加えました。これらは以下のような事例を挙げるとができます。

○職員室の机上においてあった購読申込みチラシ数百枚を、校長が教職員には無断で校長室に持ち去った。

○校長が、八月九日の原爆登校日に原爆読本を子どもたちに「持ってこさせるな」と指示した。

○原爆読本は公教育の場で一斉に指導されるにはふさわしくないとし、図書館に備えられていた小学生用の初・中・上級各五十冊、計一五〇冊を校長・教頭が「児童の目の届かない所」に運び出した。

「八・六一斉平和授業」運動の展開

長崎に続いて一九七二年から大分県においても「八・六一斉平和授業」を中心とする平和教育の運動が展開されます。大分県教組はその意義と目的について次のように位置づけています。

戦後二十七年を経たいま、五兆八千億円の四次防が進行し、日本軍国主義の復活が世界各国から警戒の目でみられる中で、日本本土の沖縄化＝軍事化が進められています。教科書から次第に原爆が影を薄くし、戦争が「国力の充実」と「国際的地位の向上」として取扱われ、「やむを得ない戦争」として子どもに印象づけられようとしています。テレビの中にも、読み物の中にも「男らしさ」「根性もの」と同居した形で、戦争実話めいた装いと、ノスタルジアの中に登場する戦争を通して戦争をカッコいいとみる子どもたちが増加しています。

こうした事態に立って、戦争中多くの教え子を戦場に送った先輩たちの反省と再び過ちを繰り返さないため、人類が最初に原子爆弾による残虐な悲劇を経験した八月六日を「平和をねがう日」に設定することにしました。そして「原爆」を通し、「戦争」を通し、戦争の持つ、残虐性を非人間性を追及する中で、人間の生命の尊厳さ、平和を求める心を育て、世界の平和という現代的課題に立ち向かう「平和を守り真実を貫く民主教育の確立」に努めることにしました。

（『大分の平和教育一九七六年』大分県教組）

さらにこの翌年（一九七三年）から福岡県も全県的に「八・六一斉平和授業」の取り組みを開始しました。福岡県教組のとらえ方は、おおむね大分県教組と同じでしたが、それに加え、平和を求める心は単なる観念であってはならないとして、次のように平和教育についての課題を明らかにしています。

戦争を引き起こす社会構造について正しく認識し、それを現代的な課題としてとらえ、日常生活の中から問題解決を図っていく能力を養っていくことにあります。このことは憲法、教育基本法の精神であります。したがって、わたくしたちは護憲・平和を一体的なものとしてとらえ、運動を進めていかねばなりません。

（福岡県教組「教育新聞」一九七三年六月三十日）

ところで大分にしても福岡にしても「八・六一斉平和授業」に取り組む方針を確認するにあたって教組内の一部に「時期尚早」、「特に八月六日にする必要はない」、「わざわざ夏休みの八月六日に出校する必要はない」、「平和教育は年間を通してやればよい」といった意見もありました。たしかに平和教育は年間を通して常時行なわれなければなりません。しかし、そのことが「八月六日」の授業を否定することにはなりません。福岡ではこの「八・六」実施の意義を次のようにまとめています。

一、人類がはじめて原爆の被害をうけた日である。
二、平和の原点に原水爆をすえ、この日を一つの起点として平和教育の推進を図る。
三、社会的にも諸行事が行なわれる日である。
四、特に夏休みに出校することは、教育効果の上からも子どもに「原水爆反対・平和」の問題について強く印象づけることができる。

五、さらに、このような学校行事が定着していくことによって、子どもたちだけでなく、教師はもちろん父母や地域の人びとにとっても「平和を願う日」として平和を考える年間の大きな機会になる。

「平和教育」への取り組み

「八・六」平和教育は、大分においても福岡においても、その当初からすんなり実施されたわけではありません。県教委・地教委、校長などが「組合の決定したものを学校に押しつけるのは教育権の侵害である」「八・六は組合活動を学校に持ち込むもので許されない」、「平和に関する指導は学校教育活動全体を通じて行なわれるべきだ。（「八・六」を否定）」といった口実を設け、強い圧力と妨害を加えました。大分では一部ＰＴＡ役員までが阻止行動に出ました。北九州市教委は当初だけでなく長年にわたって「八・六」を認めようとはせず、一九七七年には市内の二中学校の教師が校外で授業をしたことについて、夏休み中であるにもかかわらず「職場離脱につき厳重に注意する」旨の文書訓告を行ないました。

これらの圧力や妨害に対して、両教組に所属する教職員は、職員会議で徹底した論議を深め、「学校行事の一環」として校長や地教委を説得し、ねばり強い実践を進めました。その結果、初年度において大分では県下小・中学校五四五校中、四七七校（八七・五％）が、福岡では、県下小・中学校九九三校中、五八八校が八月六日に平和授業を実施しました。そして以後年度を重ねるごとに実施校は増えていきました。

平和教育は全国各地で多様な取り組みがなされてきましたが、今まで述べてきた各県の取り組みにみられるように教職員組合が組織的に取り上げ、しかも学校教育（行事）の一環として位置づけ実践してきたことの意義は大きいといえます。

福岡県教組は第一年次から毎年その取り組みについての総括をしてきましたが、それによると初期の段階頃のまとめとしては次のようなことになります。

○戦後三十年に及びながら、平和教育の取り組みが不十分であった。教職員自身の平和に対する情熱と認識が薄れており、自己変革がなにより迫られた。
○教育内容について具体的に職員会議で討議し決定していくことの重要性を今さらながら認識した。
○年間を通しての平和教育計画が、学校行事として年度当初の職員会で決定される学校が増えてきた。
○多くの学校や地域（教組支部）で「平和教育推進委員会」などが設置され、資料の収集や教材化が主体的に進められてきた。
○祖父母の戦争体験や県内各地の空襲の記録などが、教師や父母の努力によって掘り起こされ、教材化され、また各地の「空襲の日」などにも平和教育が実施されはじめた。
○小学校一年から中学三年までの教育内容が子どもの発達段階に応じて系統化されてきた。また、すべての教科において平和を基調に内容の問い直しがはじまりかけている。
○多くの人びとから「八・六」が支持されていることが明らかとなり、平和教育の必要性が地域の人びとからも言われ出した。

子どもと親（家庭）の関係について少しふれておきます。八月六日、学校で「原爆学習」をした子どもたちの多くは、それを家庭に持ち帰りました。家庭でもあらためて原爆についての会話がはじまりました。その中で「大人たち」の原爆認識が深められたと言ってよいでしょう。そして、「八・六」の取り組みが何年か経過する中で、全県的に八月六日が登校日として多くの学校で定着しました。夏が近づくと親たちが原爆に関する図書や資料を入手し、子どもたちに学校へ持って行かせるといった事例も数多く出てきました。また地域では八月六日を中心に校区・市町村単位などで親と子どもが一緒になって、映画を見たり、原爆体験者から話を聞いたりする、「平和を考える集い」が開催されたりするようにもなりました。これらの集会には「母と女教師の会」がかかわっていたところが多かったようです。

戦争責任と戦争のしくみを追究

「八・六」ではじまった平和教育は、どちらかといえば被害体験が主になっていました。それだけに子どもたちから「日本がアメリカより先に原爆をつくっていたら戦争に勝ったか」といった質問が出され、教師が考え込む場面もありました。教師たちは真の平和教育とは何かを模索しました。そんな中から加害の実態や戦争責任（加害責任）はどうするのかという意見が出てきました。

ある地域では、七月七日盧溝橋事件をきっかけに中国侵略の問題に取り組みました。小学校一年生担当のA先生は次のような実践をしました。

七月七日は「七夕」の日です。学級で先生と子どもが一緒になって笹に短冊をつけます。その時先生は大きな短冊に「へいわ　いのりをこめて」と書きました。子どもは「それ何ね」と聞きます。先生は「七夕さんの日に先生がこんな短冊をつけたことをしっかり覚えていて、六年生になったらそのわけを習うでしょう」と答えています。これは一年生という子どもの発達段階においての授業としては、感性に訴えるものとしてすばらしいものです。

そこで六年生の社会科の教科書を見ますと日中戦争が出てきます。一九三七年、北京郊外で日中の軍隊が衝突しました。それから中国全土に戦争は拡大していったというような主旨が書かれています。しかし、七月七日の記述もなければ盧溝橋の字も見当たりません。まして言わんや、平時であるにもかかわらず中国の首都近くに外国である日本の軍隊がなぜいたのか（これは一番重要なことです）については全く記載がありません。日本の軍隊がそこにいなかったら事件の起こりようもありません。そもそもそこに日本の軍隊がいたということが問題です。

そこで六年生担当の教師は、教科書に頼ることなく、なぜそこに日本兵がいたかはもちろん、中国侵略の実態や戦争責任についてもきっちりと教えなければなりません。そのことを先に述べた一年生担当の教師は期待しているのです。その時、六年生の担当が教科書の記述だけを教えていたのでは全く不十分であり、一年生担任の期待を裏切ることになります。これは現在、平和教育に取り組もうとする時、いかに学校において教師集団としての「平和教育研究」と意思疎通が大切であるかという実践的な課題を提起しています。

平和教育の〝節〟の拡大

「中国侵略」戦争責任問題の取り組みは、朝鮮そしてアジア諸国に拡がり平和教育に厚みが出てきました。平和教育の実践内容が増えてくるにしたがって「節の拡大」が言われるようになりました。それは、「八・六」を起点にはじまった平和教育を、七月七日、五月三日、十二月八日などその日を節目に平和教育をさらに充実させていこうということです。多く取り組まれている節を例示します。

四月二十八日沖縄分離支配、五月三日憲法記念日、五月十五日沖縄返還、六月十九日福岡空襲、六月二十三日沖縄慰霊の日、七月七日盧溝橋事件、八月六日広島原爆、八月九日長崎原爆、八月十五日敗戦、九月十八日柳条湖事件、十月二十一日国際反戦デー、十二月八日アジア太平洋戦争、二月十一日建国記念の日、三月一日ビキニ被爆、朝鮮三・一運動……。等々があげられます。

これらをつないでいくと、平和教育の一つの体系ができ上がりそうです。歴史教育を見直す手掛かりにもなります。また一つひとつを調べていくといろいろなことがわかってきます。たとえば「十二・八」です。日本軍は不意にパール・ハーバーを奇襲し、その後で宣戦布告をしています。ところが子どもたちと調べてみますと、アジア太平洋戦争だけでなく日清・日露も戦闘開始が先で宣戦布告は後日になっていることがわかってきます。第一次大戦の時だけはドイツに宣戦布告をしてから中国山東省のドイツ租借地「青島《チンタオ》」を攻めています。もちろん「十二・八」は多くの問題をかかえているだけに教材化することは難かしく重たい課題だと多くの教師が指摘しています。

もう一つ「十月二十一日」を取り上げます。「10・21」は、総評に結集する労働者がアメリカの「北爆」に抗議して世界の労働者にベトナム反戦をアピールした日です。

平和教育というより国際反戦デーとして平和運動の一つの節目に位置づけされてきました。それはそれでよいのですが、この日を一九四三年にさかのぼりますと、一つの大きな出来事に遭遇します。この年から学生の兵役猶予がなくなりました。いわゆる学徒出陣です。十月二十一日は神宮外苑の競技場で東条英機首相が出陣学徒を閲兵し激励した日です。当時の新聞を見ますと、出ていく学徒〇〇万人、見送る観衆五万人と書いています。出陣する学徒の数字が明記されていないところにその時代を感じます。

一九九三年はそれから五十年、いろいろな催しがありました。わだつみ会からは『学徒出陣』（岩波書店）が出版されました。当時の模様を当時女学生であった作家の杉本苑子さんが、送る側の立場から書いています。「十・二十一」は当時の学生がどうであったかを知る機会にもなります。

ところで、ここではベトナムについて二つのことに触れておかなければなりません。その一つは第二次大戦時においてのベトナムに対する日本の戦争責任。もう一つはアメリカのベトナム戦争に日本も大きく加担したということです。

一九六〇年代後半にベトナム反戦に多くの人びとが結集しましたが、この二つの認識は薄かったようです。一九四〇年、いわゆる「仏印進駐」から敗戦までベトナムで日本軍は何をしたか。また、日本は平和憲法のもとにこの五十年戦争をしていないといいますが、ベトナム戦争時には軍隊こそ出動しなかったけれど、軍事基地を提供し、軍需物資を生産し、兵站線援助に加担しています。この裏には沖縄の人びとや子どもたちが大きな犠牲を強いられています。またベトナムの被害も甚大で現在もその後遺症があります。「十・二十一」を考える時にこれらのことを基底にすえて教材化していくことが必要です。

敗戦前まで、日本では陸軍記念日（三月十日）、海軍記念日（五月二十七日）がありました。日露戦争において奉天会戦、日本海海戦に勝利した日です。これを記念して毎年学校や地域において戦意発揚のための行事が催されました。学校では全校生徒が講堂に集められ、退役軍人の講話を聞くといったことがありました。地域では町村というよりもっと小さな小字の単位ぐらいで個人の大きな家などに小さな子どもまでが集められ、戦争体験談が語られたりしてきました。言うなれば地域ぐるみ国家ぐるみの戦争教育とでも言ってよいでしょう。そんなことが幾重にも日常的に重なって十五年戦争へと大人も子どもも駆り出されていきました。

戦後、立派な平和憲法はできましたが、学校ぐるみ、地域ぐるみで人権や平和を考えるそんな日や機会はあったでしょうか。いや日や機会はあっても、それを活用する企画や実践があったでしょうか。敗戦前までの戦争教育に比し、戦後の平和教育はそんな取り組みが弱いような気がします。敗戦前までの戦争教育を反面教師にしては。平和教育の節の拡大というのはそんなことも訴えています。

戦争構造の最たるもの

今まで述べてきた平和教育は被害体験を伝えるところからはじまりました。そして加害体験

（戦争責任）へと、言うなれば戦争の原体験の継承、ということが平和教育の一つの大きな柱になってきました。しかし、南京虐殺や従軍慰安婦、強制連行といったものが、なぜ起こったのかを考えねばなりません。そういうことになると、戦争をするためには、強い軍隊やすぐれた兵器をつくることだけでなく、政治・経済・思想・文化・教育といったものも含めて、いや総動員して戦争の体制をつくってきたことを考えねばなりません。この戦争のしくみ、または戦争構造とでも呼びましょうか、その体制の追究、そしてそれを解体するにはどうすればよいかという学習に発展しました。その戦争構造の最たるものの一つが天皇制国家主義であります。

一九四二年五月、大東亜審議会が答申した「大東亜建設に処する文教政策」によると、教育の全体系において「教育に関する勅語を奉戴し、大東亜建設の道義的使命を体得せしめ、大東亜における指導的国民たるの資質を錬成」することとしています。これは日本が「優秀民族」としてアジアの「おくれた諸民族」を指導し、大東亜建設の名のもとに植民地化を進めていくということです。

国家主義は外に対しては自らを優秀な民族とし、他民族を差別し武力を持って、領土を拡大していく侵略の思想となります。内に対しては、天皇と国家に対する忠誠（愛国心）ということで国民の意識統合を図り、そのことによって多くの社会矛盾を隠蔽し、抵抗するものは弾圧するということになります。国家主義は支配権力者の治安対策または支配と侵略の思想とでもいってよいでしょう。

太平洋戦争を考える時、日本唯一の地上戦がなぜ沖縄であったのか、なぜ軍隊による住民虐殺があったのか、琉球差別、皇民化教育などを抜きにしては考えることはできません。要するに国家主義は差別の構造であり、人権尊重の思想を否定する対極にあります。

明治憲法（旧憲法）が発布された日は、一八八九年二月十一日です。現在使われている小学校教科書にはなぜか二月十一日が記されていません。しかし、二月十一日に旧憲法が発布されたということは重要な意味を持っています。それは初代天皇とされる神武が橿原で即位の礼をあげた日です。旧憲法第一条は「大日本帝国ハ万世一系ノ天皇之ヲ統治ス」となっています。すなわち日本は、初代神武から現明治帝に至るまで万世一系の天皇が統治してきた。そのことを銘記して二月十一日に憲法を下しおくという意味のようです。

第二条以下第四条までをみますと、第二条、「皇位ハ……皇男子孫之ヲ継承ス」とあります。現在の皇室典範もそうなっています。男尊女卑の男社会です。第三条、「天皇ハ神聖ニシテ侵スヘカラス」。これは神話からきています。紀元節と同根です。近代国家で元首を神とする祭政一致の憲法をもっている国はちょっと見当りません。第四、「天皇ハ国ノ元首ニシテ統治権ヲ総覧シ……」、統治権を総覧するわけですからすべての権限を天皇は持っているわけです。としますと昭和天皇はなぜ十五年戦争の責任を問われなかったのかという疑問が出てきます。そして、旧憲法とかいいますが、一条から四条までは実態として現在も残っているように思えてなりません。

一条、二条は実態として存在しており、三条は大嘗祭の時に天皇は神になったし、四条でいう元首についてはその傾向が強められています。ともあれ、小・中学校において教科書にどのように記されていようと、これまで述べてきたことはきちんと学習しておかねばならないことです。

人権尊重の目を

明治憲法が発布された翌年に教育勅語が発布され、全国約三万の官・公・私立学校へその謄本が配付されました。その前年頃から天皇・皇后の写真の複製が「御真影」として配布されはじめていました。

一八九一年「小学校祝日大祭日儀式規程」が制定されました。その頃から全国の小学校に講堂が次々と建てられました。その講堂で儀式の時に教育勅語が読まれる、御真影を拝む、「君が代」を歌う、儀式の歌を歌うといった儀式規程による形式が定着しました。現在、学校の卒業式にその形式の一部が残っています。

ともあれ、天皇制が制度的に国家体制として確立するのはこの時期といわれています。それだけに紀元節とされてきた二月十一日が、国家主義を浸透させていく上での起点となってきました。

たとえば日清・日露から太平洋戦争に至るまで二月十一日を戦闘の攻略目標とし、激しい作戦が展開され、その前後に多くの戦死者を出してもいます。敗戦後は紀元節は廃されましたが、一九六七年、政府は二月十一日を「建国記念の日」としました。それは実質的には紀元節の復活であり、国家主義浸透の節目になっています。二月十一日を、戦争構造を追究する、なかんずく国家主義の不当性を追及する平和教育の節の日とする理由はここにあります。

近代統一国家は、かつての日本ほどはないにしても多少は国家主義的な要素を持っています。それは領土、軍備、覇権、国家、国民という関係の中から出てきます。しかし二十一世紀における人類の共存を考える時、領土、国家、国境の壁はだんだん低くなっていくと思われます。また低くならねばなりません。

今、民族間の紛争があちこちで起こっています。それは今までの支配被支配の中で民族を差別し、蹂躙し、また、マイノリティーに対して同化政策をとってきたことに対する反発ではないでしょうか。私たちは子どもたちにも、日本に直接かかわることだけでなく、世界中のあちこちで起きている紛争を、人権尊重の立場から、歴史的・構造的にどう見ていくかという目を持たせたいものです。それが戦争構造の学習ではないでしょうか。

近現代史と平和教育の今日的課題

アジア・太平洋戦争が終わって約半世紀が経過しようとしています。しかし、アジア諸国の人びとの中には根深く戦争のキズは残っており、日本はその償いをほとんどしていません。それだけに日本が平和を叫び、国際貢献を言っても、一方で世界有数の軍事大国化していく現状に対して、不信感と警戒心をアジアの人びとは持っています。

今まで何人かの閣僚が大東亜戦争を正当化したり、南京虐殺を否定したりした時、また教科書検定内容、さらには自衛隊の海外派兵の動き等々について、アジアの人びとは敏感に反応し、強い抗議や批判を加えてきました。また、従軍慰安婦、強制連行、強制労働等々の賠償要求も数多く出されています。

このことは私たち日本人が、過去の戦争の事実、真実を正しく認識していない。それ故に、戦争責任を認めず、その償いを放置してきたということです。この要因の一つに近現代史に基づく平和教育ができていないということがあげられます。

当時、総理大臣であった海部俊樹は、アジア・太平洋戦争についてシンガポールで「深い反省と遺憾の意」を、同じく宮沢喜一は植民地支配も含めて韓国で「深い反省の上に立って」との見解を表明しました。細川護煕は「侵略戦争」とまで踏み込みましたが、遺族会の反発や官僚の抵抗の壁にぶつかりました。それはおくとして、最近の歴代首相は近現代史の重要性を認め、その歴史教育の必要性を説いてきました。しかし、それはそれまでです。アジア諸国に対して日本の戦争責任を認め、心から謝罪するといった考えを政府見解として見出すことはできません。こと細かに教育制度や教育内容に介入している文部省はなおさらのこと、全く変化はみられません。

学校教育の中での近現代史

文部省は戦争の事実を正しく教え、その責任を明らかにすることに強い抵抗をしてきました。教科書検定や学習指導要領の内容をたどれば、それは明らかなことです。それでは学校教育の中での近現代史の学習はどうなっているのでしょう。

まず、歴史教育の中に占める近現代史の学習時間が量的にきわめて少ない。しかも近現代史は、小・中学校いずれも学年末に配列されていて、それでなくても少ないのに、途中で時間切れになるか、大急ぎで済ませてしまうといったケースも多いようです。加えて高校によっては明治中期ぐらいまでで、後ははほとんど学習しないところもあります。それは、大学入試の出題範囲に近現代史が入っていない、また出題されても明治中期ぐらいまでといった大学が多いというところからきています。何年か前、慶応大学経済学部が、年度途中に現代までを出題範囲とすると発表したことが大きな話題になったりしたほどです。最近いくつかの大学で出題範囲に入れるところが増えているようですが、多数派となっていません。これでは、大学に入って近現代史でも専攻しない限り学習の機会はありません。

また、大学・高校・中学校を問わず、とにかく学校を卒業した後に学習の機会があるかといえば、在学中よりももっとその機会はありません。たまたま個人がそのような機会に出合うか、本人の自主的な意志で学習するかしない限り学習する場はありません。

次に近現代史の学校教育における内容です。文部省は教科書検定で中国「侵略」を「進出」と書き直させたり、南京虐殺や沖縄戦の記述にクレームをつけ、その事実や日本の戦争責任を覆い隠そうとしてきました。このゆがめられた教科書に中国はじめアジアの諸国は厳しい批判を日本政府に浴びせてきました。「侵略」「進出」の抗議が中国から出された時、あわてた時の鈴木内閣は、文部省に検定内容を若干修正させ、宮沢官房長官の談話で「政治決着」とやらをしてごまかしました。

以上、近現代史の学習についていくつかの問題点を指摘してきましたが、学校教育に限って短絡していえば、敗戦後約半世紀に及ぶ間に育ってきたものは、先に述べたように大学で近現代史を専攻するか、小・中・高校の時代に近現代史を平和教育として重要視する教師によって自主編成された授業を経験したもの以外は、日本の過去についてほとんど知らないということになります。それでは敗戦前に育った人はどうかといえば、皇国史観によってゆがめられ、都合の悪いところは削られ、およそ社会科学とはほど遠い歴史教育を受けてきました。したがってこれまた近現代史をまともに観ることはできません。これでは日本の戦争責任や、平和の創造へ向けて本当に考えていくことは不可能です。

ワイゼッカー大統領は、一九八五年五月八日、ドイツの敗戦四十周年にあたって西ドイツ連邦議会で行なった演説で「過去に目を閉ざすものは結局のところ現在にも目を閉ざすことになります。非人間的な行為を心に刻もうとしないものは、またそうした危険に陥りやすいものです」と有名な言葉を残しています。これは日本の教育政策・教育内容批判にぴったり当てはまります。しかし、政府や文部省を批判し、責めるだけでは事はすみません。

たとえば、前に述べたような「侵略・進出」の教科書批判が、外国から指摘されて、はじめて閣内の問題になったといったことを重視しなければなりません。日本の人びとは、特に教師はいったい何をしていたのでしょうか。また、近現代史が学年末に配列されていると先に述べましたが、次のようなことがありました。

一九九〇年五月三十日、参議院予算委員会で社会党・護憲協同の国広正雄議員の質問に、政府委員の菱村文部省小中局長は「……これは学校の教師の判断によりまして教えるわけでございますので、もし現代史からさかのぼって過去に至る歴史教育が適切に行なわれるならば、それはそれであり得る授業でございます。……」と答えています。続いて保利耕輔文部大臣は、その「基本的な立場」を確認しますという答弁を行なっています。この現代史から先に教えてもよいとした文部省見解は、もちろん十分なものではありませんが、その当時の新聞に記事として掲載されました。この記事を見落したのかもしれませんが、とにかく多くの者が反応しませんでした。

これらの例からしても、近現代史学習を阻害している問題点をみんなが認識しているのかと言いたくなります。このような事態について反省も含め近現代史学習の必要性を強調します。

近現代史学習の充実

さて、近現代史学習の充実について二つのことを指摘しておきます。一つは配分量を多くすることです。ドイツでは小・中学校において、近現代史とそれ以前の歴史教育の比率がほぼ一対一になっているそうです。日本の現状は余りにも量が少なすぎます。せめて一対一ぐらいの配分にしてはと思います。そうなれば質的にも充実したものとなります。

いま一つは敗戦からの半世紀の研究と学習です。近現代史といっても、どちらかといえば敗戦前を想定しがちです。また、その学習に多くを費やしてきました。それが決して誤りであったとは言いません。それはそれでしっかりと学ぶことは重要です。しかし、敗戦以来の約五十年、半世紀の歴史というか状況認識はどうなっているのでしょうか。この半世紀は人類が予想することもできなかったほどの変化・激動の時代でした。それだけに、自分自身が、また身辺が、そして日本が現在どのような位置に存在しているかを理解することが困難になっています。改めてこの半世紀についての学習を充実させることを強調します。

豊かに生きるために

さて、平和教育の取り組みとして、戦争の原体験の継承、戦争構造の追究などにふれてきましたが、最後に「平和教育の現代的課題」について簡単にふれます。

この課題を考えるにあたって、戦争がなかったら平和かということです。たしかに戦争は人類を殺戮《さつりく》し、人類にとって最大の不幸をもたらすものであることはいうまでもありません。どんなことがあってもこの世から戦争をなくさねばなりません。しかし、現在、一方に富める人（国）あり、他方に貧しき人（国）があります。依然として差別と収奪、貧困が存在しています。真の平和とは戦争をなくすことはもちろん、世界中すべての人びとの人権が尊重され豊かに生存できることでなければなりません。このことを基本にして平和の現代的課題のいくつかを箇条的にあげます。

一、核廃絶・軍縮、二、国際連帯と人類の共存、三、自然保護・地球の環境保全と開発、四、資本の進出と現地住民の生活・環境、五、その他。

まだたくさんあると考えられますが、以上はそれぞれ独立したものでなく相互に関連しています。そして今まで課題としてすでに取り組まれてきたものもあります。しかし、はやくから指摘はされてきましたが、ほとんど取り組まれていないものもあります。これらをどのように教材化していくかが期待されるところです。

（『子どもの環境と人権』「平和、戦争と子ども　軍事体制の教育から平和教育へ」子どもの環境を守る会編、地球環境会議、一九九五年十一月七日）

平和教育の弾圧と国連軍縮総会

平和教育への弾圧と平和への声

最近、とみに国家主義が強調されています。昨年（一九七七年）改訂された小・中学校学習指導要領についても、それは指摘されます。〝君が代〟を国歌と規定するなどはその典型です。そして、このような動きとタイアップするかのように、平和教育に対しては、厳しい圧力が行政権力によって加えられています。たとえば、北九州市門司区における中学校教諭の〝処分〟や、長崎市の〝原爆読本問題〟などがあります。

しかし、一方では、国連軍縮総会が開かれるなど、平和を要求する声も世界的に高まってきています。したがって、これらのことにふれながら、今後の平和教育についての展望を見出していきたいと考えます。

八月六日への北九州市の対応と平和教育への取り組み

一九七三年以来、福岡県下の大半の小・中学校では、八月六日、原爆投下の日に平和授業が行なわれてきました。しかし、北九州市教育委員会だけは、これをかたくなに禁止してきました。そこで市内のいくつかの学校では、当日、公園や神社境内、公民館などを使用して平和授業を行なうなど、ねばり強い抵抗の実践がでてきました。昨年(一九七七年)八月六日も、門司区の二中学校では校外授業が行なわれました。

これに対し、市教育委員会は、四カ月も後になって十二月二十三日に「勤務時間中に校長の許可を得ずに学校を離れた」として「職場離脱につき厳重に注意する」旨の文書訓告を行ないました。処分をされたのは早鞆中学校六人、松江中学校九人の先生たちです。そこで、以下、二つの中学校を中心にその経過を追っていきます。

早鞆中学校では一九七四年に、校務分掌の中に平和教育推進委員会を設け、全校あげての取り組みをはじめました。それは、「各学年年間十時間を目標に『生命を大切に』『戦争の歴史』『戦争と人々の生活』などの単元を経て八月六日に『原爆』を学習。それ以後を『平和ということ』『平和な世界を築くために』といった単元へつなぎ、平和憲法を守り、人間を大切にする精神を養おう(「毎日新聞」「記者レポート」より)」となっています。

しかし、このような取り組みにもかかわらず、一九七四年、七五年、七六年のいずれも八月六日の学校内での平和授業だけは校長（市教委）によって禁止されてきました。

そして、一九七七年七月半ばの職員会議で、校長は、八月六日は出校日でないとして反対しましたが、大多数の教職員は八・六平和授業の実施に賛成しました。そこで、学級担任は生徒に対して八月六日は登校するように通知しました。しかし、八月に入って校長は、電話で生徒会の各分団長（校区内の地域組織）を通じ、全生徒に「八月六日は出校日ではないので登校しないように」との連絡をしました。

八月六日当日、市教委は校長や教頭などの措置を現認するため、管理主事や指導主事が早鞆中学校にきました。もちろん区内の他の学校にもきました。その数は多いところでは五人もきました。

早鞆中学校では当日朝、校長や教頭が校門の前で、登校してきた生徒に帰るように指示するといった状景がみられました。そこでこの学校の教職員は、校長から「帰された」生徒約五十名を、学校裏の畑田公園に集めて、「八・六平和授業」を行ないました。

松ケ江中学の場合は、当日、校区内の新門司集会所に約百五十人の生徒が集まり、平和授業が行なわれました。校長や教頭は一応これを見にきています。

後日、この二校の校長は市教委に呼ばれ、事情を聴取されました。そして、公園や集会所に行っていた時間が、勤務時間中校長の許可なく学校を離れたということになって処分が行なわれたわけです。八月六日は夏休み期間中です。この日に「勤務」として学校で何が予定されていたのでしょうか。職場離脱というのは市教委や校長の口実であって、処分は、まさしく平和教育に対する妨害であり弾圧です。

他の区内の学校においては、子どもに強制にわたらぬよう自主的に出校を呼びかけていました。したがって、当日は、〝学校にいる先生〟のところにきたものもあれば、プールなどにきたもの、遊びにきたものもあります。組合員の先生は全員出校するようにしていました。しかし、校長は、当日が宅修（自宅研修）になっていて、「出校」に変更をしていない教員に、「お前は宅修になっている。二十分後に帰らないと現認して市教委に報告する」と言って追い返そうとする一幕もありました。

以上述べてきたような具体的な事実を追っていくと、北九州市の教委や校長の根底には、平和教育そのものを否定する思想が流れているように思えてなりません。かれらは八・六平和授業を認めないとする理由に、以下の三点を挙げています。

①平和教育は年間を通して指導すべきである。
②平和授業を八月六日に実施することは、組合活動の一端であり認めることはできない。
③組合活動に学校を使用することはできない。

しかし、かれらが平和教育を人類共通のものとして、本当に重要に考えるなら、それらの障害となる理由を乗りこえて、組合とも話し合うべきであるし、また平和教育推進について、なんらかの努力をはらうべきです。そのような努力が、長い期間にわたって全くなされていないことは、先にも述べたように平和教育そのものを否定し、圧力を加えていると非難されても仕方ありません。

この北九州市の教委や校長の態度について「毎日新聞」「記者レポート」の欄で、「市教委が発行した検討用資料『平和に関する指導』には『全教師が平和に関する指導に共通理解を持ち一貫した指導体制を確立すること』とある。県下各地の〝共通理解〟として八・六が定着しているいま〝入口論争〟に終始する市教委のかたくなな姿勢は納得しがたい。現場教師を信頼すること――教育行政の原点へ返って頭を冷してみることも必要ではないか。ことしも確実に八・六がめぐってくるのだから」と永守良孝記者は結んでいます。

長崎の「原爆読本」をめぐって

長崎の「原爆読本」は平和教育の教材として欠くことのできないものの一つになっています。この「原爆読本」は、戦争を知らない子どもたちに、原爆を通して平和を考えさせようと、長崎の被爆教師が、「祈りにも似た気持」で書いたものを、長崎県教組が一九七二年に刊行したものです。以来五年間で八万部も読まれてきました。
内容は、初級『雲になってきえた』、中級『夾竹桃の花さくたびに』、上級『原子野のこえ』、中学生用『三たび許すまじ』の各一冊、計四冊が一組となっています。
しかし、肝心の被爆地長崎では、この「原爆読本」の取扱いをめぐって教委や校長から大きな圧力が加えられてきました。この経過について長崎県教組長崎総支部の平和教育推進委員会代表世話人、山川剛教諭（長崎市西町小学校）は次のように訴えています。

「原爆読本」を校内で販売させてほしいという昭和四十七年の教員組合の申し入れに対して、市教委は三十八年の長崎市教育長通達「物品等の学校内販売の取次ぎあっせんについて」にふれるという理由で販売を大幅に制約した。しかし、その通達は「学校と特定業者が直結し、好ましくない事例が増加しているから、あっせんを廃止するように」という公取委の通達がその根拠になっており、これを適用させるためには、なんともこじつけの感を免れ得ないものであった。

再刊された昭和四十九年には、再刊の趣旨と購入申込みのちらし数百枚が、職員室の机上から姿を消すというハプニングがあった。調べてみると、その学校の校長が無断で校長室へ持ち去ったのだった。

昭和五十年、長崎市は被爆三十周年を迎えようとしていた。三度刊行されたこの年に「八月九日の原爆登校日には、原爆読本を子どもたちに持ってこさせないように」という信じられないような指示を出す校長があった。この指示は妥当だと市学校教育課長が語った……。

（一九七七年五月三十一日「毎日新聞」「編集者への手紙」）

そして一九七七（昭和五十二）年一月には長崎市内の西町小学校の図書館から原爆読本が、「公教育の場で一斉に指導されるにふさわしくない」という理由で校長・教頭の手によって持出されるという事件が起こっています。この西町小では、その年度の一学期に小学生用の初、中、上級各五十冊の計百五十冊を購入、図書室において、児童に貸し出したり、夏休み前の平和教育特設授業で教材として活用してきました。

一月になって図書購入の係の教職員が、校長に、「原爆読本」購入の決裁を求めました。ところが、校長はこれに文句をつけ、

①校長が決裁する前に本を購入した。

②原爆読本を公費で購入することは認められない。

として図書室から本を運びだすよう指示しました。しかし、教職員がそれに応じなかったので、教頭と二人で校長は「児童の目の届かない所」に運び出したというのです。

この学校では図書購入については、通常、実質的には担当教諭の判断にまかされていて、校長の決裁が事後になったからといって、これだけが特別のことではないということです。

そこで、この事件を考えてみると、校長が主張する「原爆読本」購入の手続的なことは、あくまでタテマエであって、本音は原爆読本否定ということに事の重要性を感じます。校長自身も「手続上の問題が原爆読本を運び出した理由ではないことを認めている」（一九七七年五月二十日「毎日新聞」）だけになおさらです。

このことは先に述べた北九州市門司区の〝処分〟が、タテマエは〝職場離脱〟になっていても、本音は平和教育を否定しようとしているのと共通のものを感じます。

原爆読本の問題は当然マスコミにも活発にとりあげられ、行政に対する一定の批判も行なわれました。また市議会でも取りあげられましたが、市教委の平和教育に対する後向きの姿勢が目立ったといわれます。

そのような中で、追いこまれた市教委は、教育長の諮問機関として「教育問題研究委員会」を設置（第一回会合九月）しました。そして、委員会は一九七八年三月に「平和に関する指導」を答申しました。（平和教育ではなく平和に関する教育とあるのに注目）これをうけて市教委は、これを教師用平和教育の手引として五月に市内小・中学校教諭に配布しました。

しかし、この〝手引〟は「①平和教育の原点を原爆とせず、憲法・教育基本法以下の法令の〝平和希求の精神〟を〝観念的〟？に求めようとするものであり、②具体的には学習指導要領に

従い各教科、道徳および特活の中で指導をすすめ、特設時間等は設定しない」としています。（?・は筆者）

これは、被爆地長崎の教師たちが、原爆を原点とし、平和に対する今日的課題を追及してきた平和教育に対する真向からの挑戦であり、〝観念的な平和教育〟によって、地道に積上げられてきた平和教育の実践をスポイルしようとするものです。

このような長崎市教委の姿勢は、今までに他のいくつかの教委の中にも見ることができました。それだけに、今後、わたくしたちの〝平和教育〟が発展すればするほど、文部省をはじめこのような〝平和教育〟が行政姿勢として、むしろ積極的に打出されてくるのではないかと思います。それだけに、わたくしたちは、常に平和教育の本質を徹底して追究していくことが必要です。

国連軍縮総会

国連初の軍縮総会が、一九七八年五月二十三日から六月二十八日まで約五週間、ニューヨークで開かれています。これは、ユーゴなどの非同盟諸国の提唱で、軍縮をめぐる今日の国際情勢を再検討し、軍縮に関する行動宣言、同計画を討議し、採択することになっています。こうした大規模な軍縮会議は、国際連盟当時の一九三二年の一般軍縮会議以来初めてのことだといわれています。

会期中には、一四九カ国の政府代表のほかに、NGOといわれる世界の国際非政府組織からも二千五百人が結集することになっています。

総会では、五月二十四日から六月九日まで、まず各国代表の一般演説が行なわれました。わが国からは政府代表として園田外相が出席、三十日に登壇し、世界の軍縮を訴えました。

その中でとくに、外相は唯一の被爆国の代表として「核兵器廃絶」の重要性と「核兵器国の自制」を強調し、八月六日の広島原爆投下の日を世界の「軍縮の日」に指定するべきだと主張しました。しかし、「その反面、具体的な軍備縮小に向けての提案は、従来の日本政府の主張を一歩も踏み出すものではなく、総論の格調の高さとは対照的に、日本の国会決議の内容を列挙する以外、精彩を欠いたもの」(一九七八年五月三十一日「朝日新聞」)と伝えられています。けれども、何はともあれ、「八・六ヒロシマ・デー」を「軍縮の日」とすることを、日本政府代表が主張したことは特筆してよいと考えます。

政府代表の外に日本からは、NGOの一員として「国連に核兵器完全禁止を要請する日本国民代表団」五百二名も参加しました。福岡県教組からは被爆教師の会々長の山崎国太郎氏が参加しました。この代表団の行動について新聞は次のように報じています。

千八百六十九万余の核兵器禁止署名を携えた五百人の大代表団に、国連側は、ワルトハイム事務総長が、直接署名簿を受け取り、総会傍聴席には日本語のイヤホンを特設するなど破格の扱いを示した。

署名簿の伝達は園田外相の総会演説とともに五月三十日に行った。翌日、ニューヨーク・タイムズ、ワシントン・ポストなど米国の主要紙は、園田演説についてはひとことも報道しなかったが、国民代表団の動きについてはニューヨーク・タイムズ紙が写真を掲載、ワシントン・ポスト紙は署名者の正確な数字や署名の三項目の趣旨を含めて報道した。日本国内の「政民格差」は、国連や米国内では逆転した格好で、代表団のメンバー自身が驚いたほどだ。

国連の各国代表部への要請訪問も七十カ国を超えた。ニジェールに続いて、パナマ政府代表も総会演説で国民代表団のことを紹介するなど、注目を集めた。

同時に各国政府代表団や国際非政府組織からは「核兵器廃絶の国内世論をさらに高めて」という逆要請を受けている。非政府組織の一つ、「軍縮と平和のための国際連合」のペギー・ダフ書記長は、「夏の大会はどうなるのか」と関心を示したという。核兵器廃絶の日まで、さらに国内世論を結集する作業が、日本の原水禁運動に世界から課せられた、といってよい。

（一九七八年六月四日「朝日新聞」）

ところで、国連軍縮総会開催に代表されるように、「核廃絶」「平和の希求」の世論や運動が国際的にも高まってきていることは、非常に好ましいことです。しかし、それは、その反面において、広島原爆の百万個分以上もの核爆弾のストックや、軍事費が年間四千億ドルにも達し、異常なまでの軍拡競争がすすめられていることを見過すことはできません。むしろ、このようなまさに「人類の危機」に直面しているからこそ、「平和への願い」が強まっているとみなければなりません。

軍備拡張については、園田外相の演説とは反対に、日本政府も世界の例外でなく、最近は自衛隊の海外派遣さえささやかれています。さらに、独占資本は、武器生産、武器輸出を企図しており、日本の科学工業の技術をもってすれば、世界においても最優秀の武器が造られるともいわれています。それだけに平和教育は非常に重要であり、そして、それは今日的課題にこたえるものでなければならないと考えます。

わたくしたちは今まで「原爆」を原点とし、戦争の追体験を通して平和教育をすすめてきました。そしてそれが今日的な課題にこたえるためには、現在における戦争の脅威とりわけ核の問題と、さらに戦争構造（社会構造）の問題について、今まですすめてきた戦争体験の追究が結びつけられ、平和についての科学的な認識へと発展させていくことが必要です。

そのことは、ともすると「平和教育」が「戦争懐古」におちいりがちな面を克服し、平和教育を大きく発展させると考えます。そのためには、教育労働者自身が現在における軍備拡張や戦争構造について徹底的に追究するとともに、平和運動への積極的な参加が要求されます。このような努力がはらわれない時、官制の〝観念〟としての「平和教育」攻勢の本質を明らかにすることもできないし、その攻勢にどっぷり浸ってしまうのではないでしょうか。

注　**国連ＮＧＯ軍縮特別委員会**（non-govermental organization）　ＮＧＯは非政府間団体、すなわち民間団体のことで国連は国際的民間団体または国内民間団体と協議を行なうことができるものとされている。国連ＮＧＯ軍縮特別委員会も、国連加盟国の平和団体が軍縮について話合う場として一九六一年に設置され、一九七五年一月から日本原水協もそのメンバーとなっている。

国連軍縮特別総会　一九七六年八月の第五回非同盟諸国首脳会議が国連総会の軍縮特別会期招集を要請したのに呼応し、同年十二月二十一日、国連総会は、一九七八年五月――六月にニューヨークで国連軍縮特別総会を開催することを決議した。そのため五十四カ国から成る準備委員会が設置され、国連加盟国に一九七七年四月十五日までに事務総長宛て、議題など関係問題についての意見を提出することが要請された。世界軍縮会議とはべつで、むしろその前段階をなすもの。

（「平和教育の理論と実践」第五集「平和教育の弾圧と国連軍縮総会」藤吉教育問題研究所、一九七八年七月）

平和教育五十年

教育の国家統制に抗して

一八八七年の西南戦争に勝利したことで、明治政府は一応国内の武力統一をなし遂げた。しかし、その後、財政難や自由民権運動の高まりによって政治的危機にさらされた。教育においても多分に自由民権運動の影響を受け、政府の国家目的にはそぐわない状況も出ていた。そこで政府は教育の統制にのりだす。その手法は大別して二つになる。一つは教育内容の拘束である。そのため、小学校使用教科書を自由採択から届出制、許可制、検定制と移行していった。一九〇三（明治三十六）年には遂に教科書国定制度を採用するに至った。もう一つは教員の管理である。一八八〇（明治十三）年の「集会条令」で教員の政治集会への参加を禁止し、翌年の「小学校教員心得」と続く。その後、教員養成や視学制度などによって徹底した教員管理対策が実施された。

この教育内容と教員を管理する教育統制の手法はアジア太平洋戦争が終わるまで続いた。敗戦後、「教育の民主化」によってこの手法は完全とはいえないが停止された。しかし、間もなく「逆コース」と呼ばれる政治の反動化の中で復活し今日に至っている。短絡していえば日本の教育統制の手法（政策）は一八八〇年頃から現在に至る百有余年、わずかな中断はあったにしても、国家権力によって継続されてきたといってよい。

一九四五年から五十年間の平和教育は、この教育の国家統制とのたたかいであり、その中で具体的な「平和教育」の内容を教材化し、実践していくことが大きな課題であった。

神国から新憲法へ

敗戦後の教育改革は、一九四五年九月、文部省から出された「新日本建設の教育方針」からはじまる。そこでは国体護持はまだ残されていたが、世界の平和と人類の福祉に貢献できる教育の確立という方針が提起されていた。同年十月、連合国最高司令部（GHQ）は教育に関する四大指令の第一となる「日本教育制度に対する管理政策」を出した。その中で教育内容については、

（一）軍国主義的及び極端な国家主義的イデオロギーの普及禁止、軍事教育・教練の廃止、

（二）議会政治、国際平和、個人の権威の思想、集会・言論・信教の自由など基本的人権思想の教授と実践の奨励、であった。この管理政策に基づき、三つの指令が続いた。すなわち、戦

犯教師の追及、神社神道に対する援助・監督の廃止、修身・日本歴史・地理の授業停止である。これによって戦前日本の軍国主義教育は廃止され、国体護持の教育政策は、その基礎を失った。

一九四六年、文部省は「新教育指針」を出した。そこには前述の四大指令と結びつきながら民主教育を建設する方途を述べている。その中では次のように教員組合についてもふれている。

……教員組合の健全な発達もまた教師の民主的な生活及び修養のために大切なことである。……もし政党から不当のあっぱくがあって、教育の方向がゆがめられたり、教師の身分が不安定になったりするおそれがあったときには、教員組合はその団結力をもって、教育の正しいありかたと、教師の身分の安定とを保障しなければならない……。

この件についてその後、日教組はこのとおりにすすんだが、提示した文部省自身は大きく変身したことはいうまでもない。

一九四六年十一月、日本国憲法公布、一九四七年三月、教育基本法・学校教育法の公布施行、一九四八年六月、衆参両院において教育勅語の排除・失効の確認決議となって、平和をめざす民主教育の体制が整った。しかし、この体制は長くは続かなかった。詳しくは後述する。

さて、ここで学校現場に目を移したい。敗戦後間もなく再開された学校の授業は、「墨ぬり教科書」からはじまった。文部省は九月、教科書の中から戦時教材となる部分の削除を通達した。これを受けて各学校では、子どもたちが、それまで絶対正しいと信じていた教科書に墨ぬり作業をした。天皇の先祖とされる天照大神や、戦争の最後には必ず吹くと信じていた神風ももちろん消された。子どもたちのとまどい不信は大きかった。しかし、それを教えてきた教師たちの責任は問われていない。いったいどこへ行ったのであろう。

一九四六年九月、文部省発行の新教科書『くにのあゆみ上・下』が登場した。これを戦前の教科書と比較したい。

一九四〇（昭十五）年四月から使用された国定教科書『小學國史』には、冒頭に「神勅」が掲載され、次に百二十四代に及ぶとされる天皇の「御歴代表」があり、その次が本文の第一天照大神、第二神武天皇と続く。これは日本の紀元についてふれている。以下抜粋。

神《しん》勅《ちょく》

豐《とよ》葦《あし》原《はら》の千《ち》五《い》百《ほ》秋《あき》の瑞《みづ》穂《ほ》の國《くに》は、是《こ》れ吾《あ》が子孫《うみのこ》の王《きみ》たるべき地《くに》なり。宜《よろ》しく爾《いまし》皇孫《すめみま》就《ゆ》きて治《しら》せ。さきくませ。寶祚《あまつひつぎ》の隆《さか》えまさんこと、當《まさ》に天壤《あめつち》と窮《きはま》りなかるべし。

国定教科書『小學國史」の表紙、上と「神勅」

第一天照大神《あまてらすおおみかみ》 天皇陛下の御先祖《ごせんぞ》を天照大神と申し上げる。大神は、伊弉諾尊《いざなぎのみこと》・伊弉冉尊《いざなみのみこと》二柱の神が、天下《あめのした》の君としてお生みになった限りなくたふとい神であらせられる。……大神は、いよいよ皇孫瓊瓊杵尊《ににぎのみこと》をわが國土におくだしにならうして、尊をお召《め》しになり、〃豊葦原《とよあしはら》の千五百秋《ちいほあき》の瑞穂《みずほ》の國《くに》は、是れ吾《あ》が子孫《うみのこ》の王《きみ》たるべき地《くに》なり〃宜《よろ》しく爾皇孫《いましすめみま》就《ゆ》きて治《しら》せ。さきくませ。宝祚《あまつひつぎ》の隆《さか》えまさんこと、当《まさ》に天壌《あまつち》と窮《きはま》りなかるべし〃と仰せられた。万世一系の天皇をいただき、天地と共に動くことのないわが国體《こくたい》の基《もとゐ》は、実にここに定まったのである……。（一部新漢字使用）

として神国日本を教えることになっている。これに比し「くにのあゆみ上」では、

大昔の生活 この国土に、私たちの祖先が住みついたのは、遠い遠い昔のことでした。はっきりしたことはわかりませんが、少なくとも数千年も前のことにちがひありません。世界のどこの地方でも、文化の開けなかった大昔には、人はまだ金属《きんぞく》を使ふことを知らず、石で道具を作って、用ひてゐました。かういふ時代を石器時代《せききじだい》といひます……。

となっている。今の子どもたちからすれば、ごくあたりまえのことだが、当時では大変な驚きであった。

一九四七年三月、文部省は学習指導要領（試案）を発表する。これは「……これまでとかく上の方からきめて与えられたことを、どこまでもそのとおりに実行するといった画一的な傾きのあったのが、こんどはむしろ下の方からみんなの力で、いろいろと、作りあげて行くようになって来たということである。……この書は、一つの動かすことのできない道をきめて、それを示そうとするような目的でつくられたものではない。……教師自身が自分で研究して行く手びきとして書かれたものである……」となっていた。当時の日本の教師にとっては自らが教育内容を研究しつくりだしていくということは全く未経験であった。それだけに熱気に満ちたカリキュラム研究などの自主研究や創造的な実践運動が展開されていった。

当時、文部省刊行の教科書の中に「あたらしい憲法のはなし」（一九四七年八月）がある。読まれた方も多いと思う。現在でも復刻版が出されており原文を手にすることができる。そこには新憲法の精神がわかりやすく説明されている。

反共の砦としての日本と「教え子を再び戦争に送るな」

戦後教育改革は、平和と民主教育の創造をめざし活気にあふれて出発したかに見えたが、その期間は短く、アメリカの極東政策の転換と、それに呼応する日本の支配権力によって軌道修正・転換をせまられることになる。当時、中国は共産主義化必至という状況になっており、自由主義陣営にとってはもはや蒋介石の国民党政権にたよることはできないという事態になっていた。一九四八年一月、ロイヤル米陸軍長官の「日本を反共の防壁に」との演説がその皮切りとなった。同年十月、日本の経済復興と再軍備への展望を盛りこんだ占領政策の転換勧告が米国家安全保障会議で決定されている。

政策転換は経済復興を名目に資本優遇、労働運動抑圧といった具体的な形となって表われてきた。経済強化策として「ドッジライン」と呼ばれる「経済九原則」の導入、公務員のスト権・団体交渉権を禁止するマッカーサー書簡などを挙げることができるが、ここでは詳述を省略する。

一九五〇年六月、朝鮮戦争が勃発。その直後に総評が結成された。翌年三月、総評第二回大会で平和四原則（全面講和、軍事基地提供反対、中立堅持、再軍備反対）を確認、以降、反基地闘争をはじめ日本の平和運動は総評が中核となって発展していった。

この年、日教組は「教え子を再び戦争に送るな」の不滅のスローガンを採択し、平和四原則をふまえた平和運動や、平和を基調にすえた全国的な教育研究活動を開始した。この教研活動は四十余年を経た今日まで継続されている。

一九五一年九月、多くの反対を押し切って政府はサンフランシスコ講和条約、日米安保条約に調印、翌年四月二十八日から発効となった。このことはアメリカの極東政策にそって日本政府の方向を決定づけるものとなり、その方向が半世紀にも及ぶものとなった。その方向とは軍備強化、憲法九条の改正であったことはいうまでもない。これに対し日本の平和運動がこの方向に反対して、非武装中立、護憲を基調としてきたことも当然のことであった。このような背景の中で、日教組運動や教研活動が、政府・文部省と真正面から対決する構図となったこともまた必然であった。

ところで朝鮮戦争の米軍兵站基地となった日本列島はどうなっていたのか。その最前線基地とされた福岡県には小倉・芦屋・築城・板付と、米軍の重要な基地が存在していた。小倉では出動直前の黒人兵の暴動があり、日本人に多数の死者が出た。空軍基地の芦屋・板付では、昼夜の区別なく戦闘機が発着し、その爆音による被害が続出した。また、米軍兵士は酒・女・暴力とすさんだ心のまま行動し、数々の事件をひきおこした。

このような状況の中で福岡県教組は「好戦的傾向を助長したり、退廃文化にむしばまれる風潮や環境から〝子どもを如何にして守るか〟という切実な問題」に取り組んだ。すなわち平和問題・平和教育に関する情報収集、試案の作成、講演会、平和教育論文・平和綴方・平和紙芝居の公募や、戦争玩具追放運動などをあげることができる。これらの取り組みは強弱の差はあっても全国的にも取り組まれた。そして、一九五二年五月には長田新、羽仁説子、宮原誠一などの知識人と日教組が中心となって「日本子どもを守る会」が結成された。

一九五三年十月、池田・ロバートソン会談（資料参照）がもたれた。会談では「アメリカの極東戦略体制における日本の教育の占める意義と軍国主義復活への期待が表明され、反共のために、すすんで武器をとる日本の青少年の育成が強調された」

戦後日本の教育の大きな分岐点の一つになったのは、公選制教育委員制度を任命制に変えた「地方教育行政の組織及び運営に関する法律」の成立であった。この法律に反対する国会請願署名は七二五万余という国会はじまって以来の署名が集められたが、一九五六年六月二日、多数の警官を国会に導入して強引に可決成立した。以後、学校管理規則の施行、勤務評定の実施と続き、教職員の管理統制が徹底して強化されていく。

一方、教育内容については、一九五八年、学習指導要領は内容が大きく改悪され、それまで試案とされていたものが法的に拘束性をもつものとされた。この学習指導要領の取扱いと相俟って文部省の教科書検定が強化され、教科書は平和教材は真実をゆがめられ、また姿を消していった。ここに前に述べた明治以来の教育制度・国家管理の手法が完全に復活したといってよい。

全国の教職員といっても当時はそのほとんどが日教組の組合員であったが、勤務評定反対闘争や、改訂学習指導要領の主旨徹底のための伝達講習会反対闘争を通じて、教育の危機を感じとった。スローガン「勤評は戦争への一里塚」はそれをよく表現している。

六〇年代後半に入ると、ベトナム反戦から沖縄祖国復帰運動へと大きな盛上がりをみせた。この運動と軌を一にして、「沖縄を教える運動」が、大阪を起点に、現地沖縄と呼応しながら全国の教育現場に拡がった。やがてそれは、「沖縄を教えるのではなく沖縄で日本の平和と独立・民主主義を教える」「沖縄で教える」運動として展開されていった。

しかしこの時期における体制側の動きは、一九六四年、東京オリンピック、一九六六年、中教審答申「期待される人間像」、一九六七年、紀元節の復活（建国記念の日）、一九六八年、明治百年記念行事と祝賀式典を通じて国家主義の一段の浸透をはかるとともに、一九七〇年、安保の自動延長、一九七二年、核つき基地つき自衛隊つきの沖縄復帰によって一段と日米安保体制の強化を進行させた。それに呼応し、文部省が提示する教育内容も「平和教育」とは逆の方向にすすんでいく。

「沖縄」と原爆を課題に

六〇年代末「沖縄で教える」平和教育が拡がる一方では、広島「原爆を教える」取り組みが出てきた。戦後、原爆被災地の長崎・広島の実態は占領軍のプレスコードによって、ほとんど報道されないという状況であった。それがそのまま講和発効後も影響してか、広島の子どもたちの中にも「原体験の風化」がはじまっていた。広島の教師たちは実施した市内中学校の生徒の実態調査で「現在の子どもにとって〝ひろしま〟は昔話であり、それどころか、原爆肯定者までいるという事実」に直面する。そこで、広島県下六百余名の被爆教師が、平和教育の再興を誓って「広島県被爆教師の会」を結成した。この会の教師を中心に〝原爆教育〟が拡がっていく。もちろん長崎の教師たちがこれに呼応し、一九七〇年から取り組みを開始した。一九七二年には大分県教組が提唱し、県下各学校で八月六日一斉平和授業に、続いて福岡も一九七三年から「八・六」に取り組んだ。これはやがて九州全県から全国へと拡がっていった。以下福岡の取り組みについて若干述べたい。

福岡では教育委員会や管理職からの妨害、抑圧があったが、それをはねのけ全県的に取り組まれた。八月六日一斉授業の意義については次のように考えた。

①人類がはじめて原爆の被害をうけた日である。
②平和の原点に原水爆反対をすえ、この日を一つの起点として平和教育の推進をはかる。
③社会的にも諸行事が行なわれる日である。
④とくに夏休みに出校することは、教育効果の上からも子どもに「原水爆反対・平和」の問題について強く印象づけることができる。
⑤さらに、このような学校行事が定着していくことによって、子どもだけでなく、教師や父母地域の人びとにとっても、「平和を願う日」として平和を考える年間の大きな機会になる。

さて、八月六日一斉授業ときめたものの、何をどう教えるか、その当時は教材も何もない。教師たちは本当に手探りで広島や長崎に行ったりして教材や教案をつくった。八月六日が終わって改めて考えると教師自身が原爆についてはなにも知らなかったということを思い知らされた。教師たちの学習活動がはじまる。年を経るごとに授業は深められていったが、その中から被害体験だけでなく加害体験、戦争責任はどう教えるのかといった意見も出はじめ、たとえば七月七日（盧溝橋事件）などの授業となっていった。さらにはそこから〝戦争のしくみ〟すなわち政治・経済・思想・文化・教育といった戦争をすすめる構造とでもいうか、そんな学習へと発展していった。

日教組は一九七八年、第二十七次全国教育研究沖縄集会から「平和と民族の教育」分科会を設定して、全国的な平和教育実践の集約とさらなる発展を期した。各地の平和教育は戦争体験の掘りおこし、空襲の日などの特設授業など、多様な実践が八〇年代前半にかけてひろがった。この時期、日教組本部は広島・長崎の両県教組や関係者の協力を得て、組写真「ヒロシマ・ナガサキ」を作製し購読運動を組織した。組写真の解説は英文もあり、国連第二回軍縮特別総会にむけて世界各国に購読を呼びかけた。またこの時期、日教組は「平和教育教材資料」小・中・高校編を刊行するなどして平和教育の普及につとめた。

「日の丸」「君が代」の強制に抗して

七〇年代に入ると、体制側は国家主義を教育の中に露骨に持ち込んでくる。すなわち、一九七二年から教員養成課程で日本国憲法の必修条項削除、一九七四年、参院予算委で田中角栄首相は「日の丸」「君が代」を国家・国旗として法制化すべきであると発言。一九七七年、文部省は改訂学習指導要領の中に「君が代」を「国歌」だと強引にもりこむ。そして、一九七六年の天皇即位五十年記念。一九七九年の元号法制化と「天皇」が一人ひとりの生活にまで強制されてくる。

八〇年代に入ると天皇や国家主義はますますその度を増し、軍備増強もすすむ。中曽根首相の「不沈空母」「戦後政治の総決算」発言、臨時教育審議会答申の中で「日本の古き良き伝統」とやらを称賛し国家主義教育を強調、一九八九年、学習指導要領改訂で「日の丸」「君が代」の強制と続く。天皇に関しては、一九八六年、天皇即位六十年記念行事、昭和天皇死去、新天皇即位、大嘗祭等々マスコミあげてのキャンペーンがはられた。軍備は遂にGNP一％枠を突破、海外派兵への道を模索するまでにたちいたった。しかし一方ではアジア諸国から「従軍慰安婦」「強制連行」などの国家補償要求が出され、また軍事大国化への警戒が表明されている。

このような国外の動向の中で、当時首相であった海部俊樹や宮沢喜一は過去の戦争についてシンガポールや韓国で遺憾の意を表明した。また細川護熙は〝侵略戦争〟と発言した。

これら首相の発言の意図が奈辺にあるかは、ここでは問わない。ただかれらが戦争にかかわる近現代史の学習の必要性を唱えていることには注目しておきたい。しかし、かれらは唱えるだけでその実はない。それはともかくとして、近現代史の学習の実態をみておきたい。

文部省は戦争の事実を正しく教え、その責任を明らかにすることに強い抵抗をしてきた、教科書検定や学習指導要領の内容をたどればそれは明らかである。そして、明治以降のいわゆる近現代分野の歴史学習全体に占める学習時間は極めて少ない。しかも、その学習時間は学年末に配列されており、時間をかけてゆっくり学習するような仕組にはなっていない。加えて大学入試では、よくて明治の中期ぐらいまでしか出題されない（最近はいくつかの大学で現代史までふみこむところもある）。これでは大学で近現代史を専攻でもしない限り、学校教育において学習する機会はない。

一九九五年は日清戦争が終わって百年、敗戦から五十年。一世紀、半世紀といった単位で歴史を見ることは、将来を展望するためには不可欠のことである。とくにこの五十年は人類にとって比をみない激動の時代であっただけに。そして私たちにとって十分な研究と学習ができていないだけに、「歴史教育は平和教育である」として重視しなければならないと考えている。

資料

池田・ロバートソ会談（一九五三年十月二十五日、「朝日新聞」）

日本側代表団は十分な防衛努力を完全に実現するうえで次の四つの制約があることを強調した。

（イ）法律的制約　憲法第九条の規定のほか憲法改正手続きは非常に困難なものであり、たとえ国の指導者が憲法改正の措置を採ることがよいと信じたとしても、予見し得る将来の改正は可能とはみえない。

(ロ) 政治的社会的制約　これは憲法起草にあたって占領軍当局がとった政策に源を発する。占領八年にわたって日本人はいかなることが起こっても武器をとるべきではないとの教育をもっともつよく受けたのは、防衛の任にまずつかなければならない青少年であった。

(ハ) 経済的制約　国民所得に対する防衛費の比率あるいは国民一人当りの防衛費負担額などによって他の国と比較することは、日本での生活水準がそれらの国と似ている場合のみ意味がある。旧軍人や遺家族などの保護は防衛努力に先立って行なわなければならぬ問題であり、これはまだ糸口についたばかりであるのみならず、大きな費用を必要としている。また日本は自然の災害に侵されやすく、今会計年度で災害によるその額はすでに戦後千五百億円に上っている。

(ニ) 実際的制約　教育の問題、共産主義の浸透の問題などから多数の青年を短期間に補充することは不可能であるか、極めて危険である。

会談当事者はこれらの制約を認めた上で……。

会談当事者は、日本国民の防衛に対する責任感を増大させるような日本の空気を助長することがもっとも重要であることに同意した。日本政府は、教育および広報によって日本に愛国心と自衛のための自発的精神が成長するような空気を助長することに第一の責任をもつものである。……

注

一九五三年、アメリカは日米相互安全保障協定（ＭＳＡ協定）の締結を提案した。これはアメリカが、食料など経済的な援助をするかわりに相手国は軍備強化の義務を負うというものであった。その年七月から交渉ははじまったが、アメリカは陸上部隊三十三万五千人の設定など日本側に多くの軍備拡大を要求してきた。交渉は難行した。この交渉の山場となったのが、十月の「池田・ロバートソン会談」である。交渉は陸上部隊十八万人余で決着し、ＭＳＡ協定が結ばれた。翌一九五四年、防衛庁・自衛隊三軍（陸上・海上・航空）の発足となる。

池田勇人　吉田首相が特使として派遣、当時自民党政調会長（のち首相）

ウォルター・ロバートソン国務次官補（極東担当）

（「社会主義」「平和教育五十年」社会主義協会、一九九四年十二月号）

日清戦争から百年、そして二十一世紀を展望して

共存が問われる時代

日清戦争（一八九四年）から来年（一九九四年）は百年へ一世紀）になる。この百年の一世紀は戦争と動乱、激変の時代であった。前半の約五十年（前半世紀）は、日清、日露、第一次世界大戦、さらには日中戦争から第二次世界大戦と戦争から戦争であった。しかもこれらの戦争と戦争の間には「北清事変」「シベリヤ出兵」「満州事変」「上海事変」などの小規模とはいえない海外出兵があったことも見落としてはならない。

後半五十年（後半世紀）は一九四五年八月六日からと考えてもよい。それはこの世に人類が生存して以来はじめて原爆に遭遇した日である。以後、人類の歴史にとって未だ経験したこともない、そして何万年分にも相当する大変化の時代に突入する。この時代はまさに人類の存在そのものが問われるような状況にまで立ち至ったのである。

およそ百年目となる一九九五年は国際的に重要な年となる。国連憲章が発効して五十年、冷

戦構造崩壊後だけに、そのあり方が問い直されなければならない。また核拡散防止条約（NPT）は、成立後二十五年になる一九九五年に第一回総会が開催されるが、そこに加盟国一五七カ国が参加して論議することになっている。いずれも現在、世界的にも地球規模において人類の生存に関して多くの矛盾や障害が山積しており、それについての検討と問題の解決がせまられている。したがってこの数年間は人類が二十一世紀へむけていかにして共存していくか、その方向を選択する重要な時期にあることを念頭におきたい。

そして日本にとっては、憲法、自衛隊、日米安保体制、非核三原則、前半世紀の戦争責任の謝罪と補償等々の問題に直面している。私たちが現時点において「人権、平和」を考える時、これらの問題を私たち自身の問題として、避けてとおれない重要な課題として受け止めなければならない。

近現代史教育の重要性

私たちの多くは「八・六原爆」を原点に平和教育に取り組んできた。戦争原体験の継承は、被害体験から加害体験、戦争責任の追及へと展開してきた。例えば七月七日を節に盧溝橋事件から日中戦争に課題をおき、中国侵略、朝鮮・台湾の植民地支配などについても検証してきた。「十二・八」からとくにアジアとの関係等々日本の侵略の歴史も学習してきた。またそのような戦争をすすめた「戦争のしくみ」というか「社会構造」とでもいうか、そんなことについて政治・経済・思想・文化・教育などの分野にわたって分析を加え、戦争の体制がどのようにして作り出されたかも学習してきた。このような取り組みの中で、私たちがいかに近現代史の認識が不十分であるかを思い知らされた。七〇年代の終り頃には近現代史の学習が平和教育、いや平和にとってどれほど重要であるかが多くの人から指摘された。それから久しい。しかし、その学習は遅々としてすすんでいない。

その要因の多くは学校教育にある。まず物理的に学習時間が少ない。しかも近現代史は学年末に配列されていて途中までで時間切れになるか、大急ぎですませてしまうといったケースも多い。加えて高校によってはほとんど学習しないところもある。それは、大学入試の出題範囲に近現代史が入っていない、またはせいぜい明治期ぐらいまでといった大学が多いということからきている。最近、いくつかの大学で出題範囲に入れるところが増えているようではあるが、多数派とはなっていない。

次に内容である。教科書検定で「侵略」を「進出」としたり、南京虐殺や沖縄戦の記述にクレームをつけ、その事実や日本の戦争責任を覆い隠そうとしてきた文部省である。学習において戦争の事実とその本質を学びとるためには、この文部省の教育内容への介入が大きな障壁となってきた。このゆがめられた教科書に中国はじめアジアの諸国は厳しい批判を日本政府に浴びせた。あわてた日本政府は文部省に検定内容を若干変更させ、「政治的決着」とやらでごまかしたことは記憶に新しい。そして、それ以降も文部省の教育内容についての基本的な考えは変っていない。その後これもそのままである。

要するに短絡して言えば、後半世紀に育ってきた者は、大学で近現代史を専攻するか、小・中・高校の時代に、近現代史を重要視する教師によって自主編制された授業を経験したもの以外は、日本の過去についてほとんど知らないということになる。それでは前半世紀はどうかと言えば、それは皇国史観によってゆがめられ、都合の悪いところは削られ、科学とはほど遠い歴史教育を受けてきた。したがってこれまた近現代史をまともに観ることができない。これでは真の平和について考えることは不可能である。

ワイゼッカー大統領は、一九八五年五月八日ドイツの敗戦四十周年に西ドイツ連邦議会で行なった演説で「過去に目を閉ざすものは結局のところ現在にも目を閉ざすことになります。非人間的な行為を心に刻もうとしないものは、またそうした危険に陥りやすいのです」と有名な言葉を残している。これはそっくり日本の教育政策・教育内容批判にぴったりあてはまる。

しかし、私たちが政府や文部省を批判し、責めるだけでは事はすまない。例えば、前に述べたような教科書批判が、外国から先になされてはじめて問題になったということを重視しなければならない。私たち自身それまで何をしていたのであろうか。また、近現代史を四月から先に教えてもよいとした文部省見解、もちろん十分なものではないが、それは当時の新聞に記事として掲載された。この記事を見落とした者も多い。いや正確には多くの者が反応しなかった。

このような事態について反省を含め近現代史に取り組む姿勢を考えてみなければならない。

ところで近現代史といえば敗戦前を想定しがちであるし、また私たちもその学習に多くを費してきた。それが決して誤りであったとは思わない。それはそれでしっかりと学ぶことは重要なことである。しかし、敗戦以後の約五十年半世紀の歴史というか状況認識はどうなっているのであろうか。この半世紀は人類が予想することもできなかったほどの変化・激動の時代であった。それだけに、自分自身が、また、身辺が、そして日本が現在どのような位置に存在しているかを理解することが難しくなっている。私は改めて、この半世紀についての学習をここで強調したい。以下いくつかの点について大まかに見ていきたい。

冷戦構造がもたらした負の遺産

一九五一年、調印されたサンフランシスコ講和条約、そして日米安全保障条約は、それ以降の国際社会における日本の位置・方向を決定したといえる。当時、全面講和か片面講和（単独講和）かで世論は真二つに分れた。社会党は平和四原則（全面講和、軍事基地提供反対、中立堅持、再軍備反対）をかかげ、発足して間もない総評はやがてこれを確認することとなった。多くの人々や学者、知識人も全面講和を支持し、また主張した。しかし、日本政府はこれらの強い意見を強引に押し切ってこの両条約を締結したのであった。

この条約が憲法に違反していることは明らかである。その矛盾をかかえながら後半世紀五十年が造りだされることになった。すなわち、警察予備隊は条約締結以前の一九五〇年に占領軍命令により超法規的につくられていたが、日本政府はそれを保安隊、そして自衛隊と呼称を変えながら軍備強化の道をたどってきた。しかもアメリカは社会主義圏に対峙する覇権の強化として、一層の軍備強化を日本に促し、アジアにおける軍事戦略体制の拡充に力を入れてきた。しかも、このような流れと表裏一体的なものとして中央集権の強化、憲法改正、国家主義の台頭、天皇の元首化、教育の国家統制、という動きも存在してきたことを認識しなければならない。それだけに日本の平和運動が「平和四原則」を出発点にして、反基地闘争から反安保、ベトナム反戦、沖縄返還、原水禁等々の運動を展開するとともに、憲法、人権・民主主義を守る運動と一体化してきたのも当然のことであった。

ところでこの間、日本は平和であったのか、いや戦争をしなかったのであろうか。それは否である。アメリカに軍事基地を提供し、費用も一部負担し、朝鮮戦争、ベトナム戦争、そして湾岸戦争にその面から協力してきた。アメリカの重要な兵站基地としてヒトもモノも土地も提供させられ、住民の甚大な犠牲を強いられながらも協力してきた。故に日本は後半世紀も戦争に加担してきたと言いたい。それは日米安保という軍事同盟がしからしめたところである。

そしてこの体制の一員として社会主義諸国を敵視もした。アメリカの地球上にはりめぐらした核戦略のための3Cシステム（コマンド、コントロール、コミュニケーション）の下に、日米合同演習、日米韓（チームスピリット軍事演習）などは、とくにアジアの諸国にどれだけ脅威を与えてきたことか。戦火を交えなくとも、敵視したり脅威を与えることもまた戦争の加害者の側に立っているといえるのではないか。日本の今日の「経済大国」は前半世紀のような国をあげての戦争のなかったことや、科学技術の発達にあることは否定しない。しかし、それはアジア諸国に威圧を与え、資本の進出により、地域の乱開発、低賃金労働で利潤をあげ、国内においても人権軽視・過重労働・低賃金政策にあることを忘れてはならない。

ともあれ日米安保体制がいろいろな意味において今日の日本をつくりだしてしまった。冷戦構造は米ソを頂点に、世界を二分割した政治・経済・軍事の支配体制であった。その下で軍備拡張、なかんずく核兵器の開発製造が際限なく続けられた。しかし、果てしない軍拡戦争はやがてその体制の破綻をもたらした。ソ連の崩壊を資本主義の勝利と言うものがいる。それは当らない。ここで資本主義・社会主義について語る紙数はない。しかしソ連崩壊の大きな要因の一つが核を中心にした軍備拡大と覇権主義にあったことだけは指摘しておきたい。それはアメリカとて同じである。現在、アメリカは崩壊こそしていないが二重の赤字に悩み経済は破綻に等しい。肥大化した軍産複合体制で軍縮もままならず、経済立直しの道は険しい。貧富の差は拡大し、失業者は増え、人種差別は依然として存在し、治安は悪く国内的には大へんな矛盾と問題をかかえている。

それにもかかわらずアメリカは、ポスト冷戦の世界支配の戦略体制を構想している。そして日本をその体制をすすめる側に組みこもうとしている。日本は今、再びその支配する側に入ろうとしているのであろうか。私たちが日本の将来を考える時、いや二十一世紀の人類の幸せと共存を考える時、少なくとも近現代において支配され収奪されてきたアジアの諸民族の側に立って、かれらと連帯し共存していく道を選択することがせまられているのではないか。

現在、アジアの諸国から従軍慰安婦、強制連行などの問題が提起され、日本に対しその賠償が要求されている。これらの要求について日本政府は誠心誠意受けとめ、全面解決へむけ最大限の努力をしなければならない。私たちはこのことについて、政府がすること、過去の世代のことで自分たちはかかわりのないこととするのではなく、自分たち自身のものとして受け止めなければならないことは当然のことである。

そして、五十年も経た今日「今なぜ」ということについて考えてみたい。それはもちろんこの問題が未解決だからである。しかし、現代的な問題として考える時、今まで放置されてきたことへの不信と重なって、前にも述べたように後半世紀における日本のあり方、軍事大国化、アジアからの収奪、支配をする側に立つ大国の道を歩み続けようとすることに対する形をかえた牽制・警告として受けとめたい。とすればなおさら二十一世紀への日本の選択にとって大きな負の課題として存在していることを銘記しなければならない。

米ソを頂点に世界を二分割した「冷戦体制」は後半世紀の大部分を占める。この体制を支えてきたのは核を中心とする軍備拡張であった。その結果、八〇年代中頃には核弾頭五万発も地球上に存在することとなった。これは、人間を地球上から何十回も消滅させ得る量である。

人類はこの核の脅威に対して反核の運動に立ち上がった。ヨーロッパではＮＡＴＯの中距離核ミサイル配備反対を直接の要求として、反核、核廃絶の運動が大きく盛り上ってきた。それは世界的な運動に拡がり一九八五年の国連総会へむけて集中していった。核保有国のアメリカにおいても百万人をこえる反核デモが展開されるなどした。これらの反核のうねりは遂に一九八七年、米ソ間にＩＮＦ（中距離核戦力）全廃条約を成立させることとなった。さらにソ連・東欧体制の動揺の過程で戦略核兵器削除条約（ＳＴＡＲＴＩ）も結ばれた。

しかし、日本において、またアジアにおいての反核運動は、ヨーロッパほどには盛り上っていない。たしかに世界唯一の被爆国日本の原水爆禁止の運動は早かった。しかし、一時は盛り上ったものの、運動の分裂などもあり、その後マンネリ化の傾向が続いた。最近の原水禁運動の衰退は年ごとにひどくなっているように思えてならない。ある人は「年一回だけの集会や大会だけではだめだ」と言う。そのとおりであるがその年一回もあやしくなってきている。一方、非核宣言をする自治体が増えている。結構なことである。しかし、宣言を採択しただけで、その後何の取り組みもないところが圧倒的に多い。これも何とかしなければ。

アジアの問題にふれたい。アメリカは朝鮮民主主義人民共和国に国際原子力機関（ＩＡＥＡ）の核査察を強要した。朝鮮はこれを拒否、核拡散防止条約（ＮＰＴ）加盟から脱退する意思があることを表明した。アメリカはこれに衝撃を受けた。なぜなら、核拡散防止条約は現在一五七カ国が加盟しているが、米・英・仏・中・ロシア（旧ソ連）の五大国だけ核保有を認め、他の一五二カ国の保有を認めないとする不平等条約である。朝鮮の脱退は一国にとどまらず、非核保有国は一五二に大きな影響を及ぼし、五大国占有体制があやうくなる可能性もある。

そこでアメリカは伝統的な恫喝と懐柔に出たが、一九九三年一月の米朝高官会談において三項目の共同声明――①相互核不使用、②主権尊重と内政不干渉、③南北朝鮮の統一支持――を認めざるを得なかった。第二ラウンドとなる六月、七月の米朝会談では、さらに一定の前進を示し、第三ラウンドの九月へと継続されることになっている。

ここでは米朝会談を詳述することが本意ではない。核拡散防止条約と日本の朝鮮に対する態度について触れたい。朝鮮が条約脱退の意を表明した時、日本はアメリカといっしょになって「脱退」を非難し、ＩＡＥＡの核査察を強要した。日本はそれでよいのだろうか。日本は非核三原則（つくらない、持たない、持ち込ませない）を国会で何度も確認してきた。しかし米軍が持ちこんでいることはみんなが知っている。日本に核は存在しているのである。韓国にも米軍が持ちこみ核は存在している。自分の国に持ち込ませてはならない核を存在させておいて、他の国に核査察を受けよというのは勝手すぎる。おかしなことである。

朝鮮にとやかくいう前に日本がしなければならないことは、アメリカの核兵器の持込みを排除すること。非核三原則を法制化すること。被爆者援護法を確実なものにすること。韓国や朝鮮をはじめアジア諸国に対して非核地域の設置などを提起していくこと。また、核拡散防止条約について一九九五年総会へむけ、非保有国と連帯して条約の不合理性を追及しながら、保有五大国の核廃絶への道筋を明らかにしていく。等々である。

私たちは原爆を平和教育の原点にすえ、戦争の原体験を継承するところから、平和教育を展開してきた。しかし、その原点の追究も弱くなってきているのではないだろうか。経験主義になりマンネリ化し、現代の課題に応えきっていないと指摘する人もいる。私たちの取り組みが一九四五年の時点に留まって、以降半世紀の核をめぐる問題がわからなくなっているのではないか。核が本当に全人類を死滅させるところにきていること。核・軍拡が核を使用しないまでも経済的に破綻をきたし、人間の生活や社会の正常な維持を困難なものにしていること。この現実を今改めて認識し、学習活動に強めねばならない。

国連軍構想の欺瞞

次は一九四七年、文部省が中学一年生のために発行した「新しい憲法」の抜粋である。憲法九条を素直に説明しており、当時の政府や憲法制定時の考えを正しく表現している。

そこでこんどの憲法では、日本の国が、けっして二度と戦争をしないように、二つのことをきめました。その一つは、兵隊も軍艦も飛行機も、およそ戦争をするためのものは、いっさいもたないということです。これからさき日本には、陸軍も海軍も空軍もないのです。これを戦力の放棄といいます。「放棄」とは「すててしまう」ということです。しかしみなさんは、けっして心ぼそく思うことはありません。日本は正しいことを、ほかの国よりさきに行ったのです。世の中に、正しいことぐらい強いものはありません。

もう一つは、よその国の争いごとがおこったとき、けっして戦争によって、相手をまかして、じぶんのいいぶんをとおそうとしないということをきめたのです。おだやかにそうだんをして、きまりをつけようというのです。なぜならば、いくさをしかけることは、けっきょく、じぶんの国をほろぼすようなはめになるからです。また、戦争とまでゆかずとも、国の力で、相手をおどすようなことは、いっさいしないことにきめたのです。これを戦争の放棄というのです。そうしてよその国となかよくして、世界中の国が、よい友だちになってくれるようにすれば、日本の国は、さかえてゆけるのです。

このような考えで出発した憲法を、政府・自民党は全く勝手な解釈をして、半世紀の間に世界第三位の軍事大国にしてしまった。「治安維持」名目でできた警察予備隊が、「戦力なき軍隊」「専守防衛に徹する」「軍事大国にはならない」「他国の脅威にはならない」などの理屈を並べながら、国際貢献を口実に遂に自衛隊を海外派兵するまでに至った。次のねらいは戦力として完全装備した軍隊の海外派兵である。その理屈は集団的自衛権から国連軍参加である。

国連については後述するとして、自衛隊のこれまでの変遷は、国際情勢におけるアメリカの動きにタイアップして変化拡大されてきた。決して日本独自の考えだけで措置されてきたものではなく、アメリカとの関係によって、またアメリカの要求によって左右されてきたとみてよい。憲法解釈もそれに追随してきた。最高裁も適切な憲法判断を避けるか、行政府に追随してきた。私たちといっても当時の世代は敗戦後、前半世紀の戦争の惨禍にたっての反省の中から平和への願いを「新憲法」に託した。この時の反省と決意がいかなるものであったか。それをどう発展させてきたのか。この後半世紀における自衛隊の変遷と重ねながら詳細な検討も必要ではないだろうか。なぜなら、現在、私たちが前にも述べたように二十一世紀への道の選択という重要な岐路に立っているだけに。またその選択を誤らせないための糧とするために。

平和教育を推進する立場から憲法問題を検討するにあたって次の四点をあげたい。①憲法の成立過程、②憲法九条、③天皇、④国家主義についてである。

まず憲法成立の過程であるが、このことについてはあまり知らされていない。概ね教育においても「省略」されてほとんど扱われず、すぐ憲法の原則や条文の学習となっている。私は何も法律や歴史の専門家が研究するようなことを求めているのではない。少なくとも次のことぐらいはと考えている。その当時（敗戦間近から憲法制定頃まで）の日本の将来のあり方、天皇の戦争責任、憲法改正に対しての国際情勢と、とくにアメリカの態度、日本の支配階級及び民衆の対応はどうであったのか。ということである。なお内容的には旧憲法時代の古いものの中で何を残そうとしたのか、新憲法に何を盛りこもうとしたのかも簡潔に整理しておきたい。自民党は「押しつけ憲法」と称して改憲理由にあげてきたが、このあたりの解答にもなるだろう。

次に第九条について自衛隊との関係はすでに述べたので、第九条、天皇、国家主義についてその関連についてふれたい。この三つは一九五〇年以降、それぞれがバラバラでなく相関関係を持ちながら一体的にその体制強化にむけて進行してきた。言いかえれば、前半世紀の戦争のしくみの中核となった天皇制国家主義とまではいかないとしても、象徴天皇がより元首化への傾向を強め、それと密接な関係を保ちながら愛国心という名の国家主義の浸透がはかられてきた。軍備強化はその体制と呼応して進行してきたといってよい。もちろんこの体制進行に「教育」が果たした役割は大きい。

なお、右の考察をするにあたって、天皇について一つは戦争責任の問題、もう一つは「元首」から「象徴」、「象徴」から「元首」化へという意味と「役割」について整理しておく必要がある。天皇の戦争責任についてはほとんど論議されていない。そのことが徹底して追及されないと、元首と象徴の関係もあいまいなままになってしまう。しかし、後半世紀天皇について日本人の多くは、一部のものを除いて論議することをタブー視してきた。意識的か無意識的かは別としてなんとなく論議を避けてきた。このようなことが現在の天皇と国家主義の関係をつくりあげたのではないだろうか。

天皇と国家主義の対極にあるのが主権在民（民主主義）と人権尊重である。若干、国家主義についてふれたい。

　近代統一国家は武力でその領土を確保し、海外市場を求めて武力で領土を拡大した。国家は武力で固められた領土（覇権）の上に存在した。国家は国民に忠誠を要求し、その限りにおいて領土内の国民の生命と財産を保障した。それが領土外にある時は、邦人の生命・財産を守るという名目でしばしば出兵した。目的は領土拡張にあったことはいうまでもない。このような仕組みを維持・発展？させるためには、民衆をそのように仕立て上げねばならない。その思想が国家主義ではないか。

　日本の場合、天皇を頂点にして天皇制国家主義を民衆に強要し、それで国家を維持し戦争を支えてきた。その国家主義は他民族（他国）に対しての優越性（実はつくりあげたもの）を誇示し、他国を指導する（大東亜共栄圏）などと称して侵略の錦の御旗とし、国内においては、この優越性と天皇への忠誠によって、あらゆる差別や矛盾をおおいかくす役割を果たしてきた。したがって国家主義は排他的であるばかりか他民族蔑視を助長させてきた。戦争は「差別と収奪」の上に成り立つ。それを支えるのが国家主義といってよい。国家主義は戦争を支える主軸である。とすると、国家主義は人権尊重・平和を指向する二十一世紀にはそぐわない思想体制である。日本はなぜそのような道を歩いていこうとするのか。

　自衛隊の海外派兵については国際貢献、国連、国連軍としての派兵といった図式で論議されることが多い。それで国連について少しふれたい。

国際連合は、第二次大戦時、アメリカのルーズベルト大統領の提起により、米・英・ソ・中の四カ国で具体案を審議検討し、一九四五年六月、国際憲章が連合国全体会議で採択され、連合国だけで、原加盟国（五十一カ国）として出発した。戦後加盟国は増え現在その三倍を越えている。しかし創立五十年を迎えようとしている今日、国連がかかえる矛盾や問題点も多い。そのいくつかを挙げる。

○国連憲章は原爆投下前に出来たもので、核兵器による一瞬にしての全人類、世界の破滅までは想定し得ていない。したがって戦争や軍隊についての考え方が果たして現状に即するものとなっているか。

○米英仏中ソ中心に運営が構想されてきたが、五大国の拒否権が逆に冷戦構造下では国連が機能しなくなっていた。それでは冷戦構造が崩壊した今日どうするのか。

○一方では連合国なかんずく五大国中心の運営について、その後の加盟国の増加により、開かれた民主的な運営が新しく加盟した国々から要求されている。

日本政府は国連があたかも「絶対の権威」であるかのような言いかたをし、国際貢献の名のもとに国連軍参加による海外派兵をほのめかしてきた。しかし国連は主権国家の世界連邦でもなければ、国連軍の確固とした根拠も確立していない。したがって国連軍を指向することは幻想に等しく、海外派兵のために国民を欺瞞すること以外の何ものでもない。日本政府はドイツと並んで国連常任理事国入りの意思を表明している。その時期については国連創立五十周年の一九九五年総会においているようである。常任理事国になるということは「『平和に対する脅威、平和の破壊または侵略行為の存在を決定し』(国連憲章三九条)、『必要によっては空・海・陸軍の行動をとる』(同四二条)、また『安保理の軍事的要求、理事会の兵力の使用および指揮、軍備規制のため軍事参謀委員会に参謀総長(制服)を出席させる』(同四七条)」ということが義務づけられている。日本の常任理事国入りのねらいは、国連の中に、また国際外交の中に「大国日本」としての足場を築こうということにある。もう一つは、そのことによって海外派兵の道を拓こうということではないか。海外派兵、憲法改正論議が一九九五年へむけて再燃してくることは必至と見なければなるまい。

後半世紀の学習を糧に

日清戦争から百年、とくに後半五十年の動きについて概観してきた。平和教育において近現代史の学習が強調されるが、私にはこの後半世紀のとらえ方や学習がかなり不十分であるように思えてならない。一九五〇年代の安保体制の選択は、新憲法の理念が国民に徹底しないまま、そして前半世紀の「戦争と平和」についての学習と認識が不十分であったことにも大きな要因があったと考えられる。したがって、現時点における選択が二十一世紀における我が国の、いや私たちの方向を決定づけると考える。それだけに後半世紀の学習を急がなければならない。

人類は今や二十一世紀へむけてゆるやかではあるが人権・平和をめざし、国境を越えて歩きはじめている。それは地球規模ですすまなければならない。経済は社会主義・資本主義の体制を越えてまざりあっている。人も物も大きく世界を動いている。自然や環境は地球規模で保全し、守らねばならなくなっている。国境の壁は低くならざるを得ないだろう。人類が世界規模で共存するために共通するものは、人権・平和の思想である。このような考えで過去百年を省み、二十一世紀を展望したい。そして、私たちは明治以降欧米に目をむけ、アジアを軽視してきたが、今こそアジアに目をむけ、アジアの一員として、そこに基盤をおき、人類の平和と共存を求めていかねばならない。

以上のようなことを構想し、まず、私たち大人が、教職員が学習を深め、それをどのように平和教育として教材化するかが急がれる。今まで戦争体験者や被爆者が語りべとして、またいろいろな立場から戦争反対を訴え、平和教育の先達として頑張ってこられた方々(世代)が少なくなっている。私たちはこの世代の遺産と意志を継承し、平和教育の発展に努めていきたい。

(「平和教育」創刊号「今なぜ平和教育か　日清戦争から一〇〇年、そして二一世紀を展望して」九州・沖縄平和教育研究所、一九九三年)

近現代史教育を充実させよう

日米安保の「再定義」――強化される日米「軍事」同盟

一九九六年四月、クリントン米大統領が来日し、橋本総理との首脳会談を経て十七日、「日米安全保障共同宣言――二十一世紀に向けての同盟」と総括文書「日米両国民へのメッセージ――二十一世紀への挑戦」が発表された。いわゆる日米安保の「再定義」といわれるものである。その内容は、冷戦後のアメリカの新しい世界戦略の方向と、その中で日本がどのような役割で位置づくかを示している。この作業は「冷戦構造」崩壊後アメリカで検討され、一九九四年頃から日米の関係者で協議されてきた。このことについて日本では関係者以外ではほとんど知られなかったし、マスコミも重要問題であるにもかかわらず、大きくとり上げてこなかった。

一九九五年九月、沖縄で米兵の少女暴行事件が起こった。この事件をきっかけに沖縄基地撤去・縮小の世論が大きく盛上ってきた。安保「再定義」の問題性はその中で大きく急浮上してきた。この年、クリントン大統領の訪日は十一月に予定されていたが、いかなる理由かは別として翌年四月に延期された。この間、両国の関係者が沖縄基地撤去・縮小の世論の盛上りを沈静化し、安保再定義の本質から民衆の目をいかにしてそらすかに腐心したかは想像に難くない。普天間飛行場の基地返還はその「手みやげ」に過ぎない。アメリカは日本における基地機能（戦力）を低下させないことを前提にその代償措置を求めている。

　共同声明の真意は軍事同盟の強化にほかならない。すでに集団的自衛権や有事体制（立法化）が論じられている。日米物品役務相互提供協定も結ばれた。安保の「再定義」は条約改正に等しい。それが国会の論議もないままにすすめられている。これは「解釈安保改定」だ。解釈改定といえば「解釈改憲」があった。日本国憲法改正施行から約五十年、とくに憲法第九条の理念と実態は大きく変質させられてきた。自衛権、自衛隊をめぐって長い間違憲論議が展開されてきたが、今やそれを越え集団的自衛権肯定が論議されるに至っている。何をか言わんや。

　核の問題もある。日本は世界唯一の被爆国である。それだけに核兵器について無条件で反対して当然と思っている人びとは多い。

　しかし、日本国政府の態度はそうではない。国連総会の主要な核軍縮決議では、「反対」や「棄権」など核廃絶の方向に沿わない投票をかつて続けてきた。たしかに一九六一年第十六回国連総会においては「核兵器禁止宣言」に賛成したが、八〇年代はすべて反対票を投じている。それはアメリカに気を使ってのことであろうか。国連総会ばかりではない。国際司法裁判所に対しても「核兵器使用は国際法に違反するとは言いがたい」との態度を外務省は未だ崩していない。そして政府は、核抑止力（アメリカの核の傘）が日本の平和を維持してきたとして、日米安保堅持の大きな要因としている。非核三原則は、今やタテマエになり下がっている。

核ボケは政府ばかりではない。一九九五年四月、ニューヨークで開催された核不拡散条約（ＮＴＰ）見直し総会に際して、核廃絶へむけての世論も盛り上がらないばかりか、総会に関心すら示さない層がいかに多かったことか。「ああ許すまじ原爆を　三度許すまじ原爆を」と歌った心は、その願いは、いったいどこへ行ったのだろう。五十年の歳月。その間、私たちは何を考え何をしてきたのだろう。

強化される基地沖縄

沖縄米兵少女暴行事件について前に少しふれたが、沖縄について述べたい。

大戦時、沖縄を占領した米軍は思いのままに沖縄の土地を占有した。サンフランシスコ講和条約発効後も米軍は沖縄を統治支配し、軍用基地を一段と強化拡大してきた。その基地は、「沖縄返還」後も大部分が継続され今日に至っている。米軍の強権による土地収奪は、そのまま日本政府が引継いできた。現在、日本国土の〇・六％に過ぎない沖縄に、在日米軍基地・施設の七五％が集中している。米軍基地は本土復帰時と比べても本土では六〇％も減っているのに、沖縄では一五%しか減っていない。本土復帰から二十余年も経過しているのに、ヤマトは沖縄を放置してきた。

大田昌秀沖縄県知事は一九九五年末、米軍用地収容の強制手続のための代替署名を拒否した。政府は知事に対して職務執行命令の訴訟を起こした。福岡高裁那覇支部は十分な審理をしないまま、一方的に政府の言い分を認めて執行命令の判決を下した。

大田知事はこの裁判の中で「政府が日米関係の上で、安保条約の維持がいかに大事かを主張しているが……安保がそれほど重要というなら、なぜ全国民で負担しないのか。基地のしわよせを弱い立場の沖縄におしつけるのはおかしい。（本土の人は）沖縄は見えても見えないのではないか」と訴えている。なお、太田知事が一月に提出した裁判の準備書面では「沖縄の苦難の歴史」（岩波同時代ライブラリー）が述べられている。ぜひ読んでもらいたい。それはウチナンチューのヤマトに対する憤りと悲痛な叫びである。

一体ヤマトは沖縄を今まで何と考えてきたのであろう。以下「琉球の処分」について年代を遡って列挙する。

一、一九七二年の祖国復帰は、基地付き、核付き、自衛隊付きの返還であった。それは平和な島沖縄を切望した住民の意志に反し、以降、その多大な沖縄の犠牲の上に日米安保体制が存在してきた。

二、一九五二年四月二十八日、講和条約は発効したが、沖縄はそのまま米軍の統治支配下におかれた。それを踏台にしてのヤマトの独立であった。この日を沖縄では屈辱の日と呼んでいる。

三、太平洋戦において沖縄戦は、日本領土内の唯一の地上戦といわれるが、それは本土防衛を最優先し、米軍を一日でも長く沖縄に釘づけするため、沖縄住民に最大の犠牲を強いた作戦であった。加えて皇軍による住民虐殺なども行なわれた。

四、一八七九（明治十二）年の「琉球処分」は、沖縄側の意思を全く無視した明治政府の一方的な強権発動であった。以後、差別・収奪、皇民化・同化の政策が続けられた。

五、一八七一年の「廃藩置県」、この時沖縄はどのように扱われたのだろうか。学校教科書では全くふれていない。そのことを取上げて教える教師も稀である。

沖縄の現状を考える時、その背景に厳しい歴史事実の認識を抜きにして、真の解決はあり得ない。その意味において沖縄の近現代史を追究することは、人権・平和の教育の原点に立つと言ってよい。

韓国・朝鮮への歴史認識が問われている

朝鮮問題について若干ふれたい。この問題を取上げる時、まず、現存する朝鮮人差別と日本の侵略・加害についての無責任さが問われる。日本は、植民地支配の時代には朝鮮人を差別しながら日本人として忠誠を誓わせ、強制労働や軍隊にかり出した。敗戦となるやそれまでの日本の責任は全く省みず、外国人として放置した。放置されたのは、サハリン残留者、広島・長崎の被爆者、軍人恩給や遺族年金が支給されない朝鮮人、強制労働に従事させられた人、従軍慰安婦ばかりでなく、朝鮮のすべての人びとに及んでいる。

そして、在日と呼ばれる人たちは敗戦後も再生産されてくる「差別」の中で呻吟して生きてきた。外国人登録法、就職・職業選択、学校教育、選挙及び政治活動、南北分断政策等々枚挙にいとまがないほどである。

これらの問題解決にあたっては、日朝関係の近現代における正しい歴史認識が必要とされる。しかし、敗戦後五十年も経過しているというのに、その歴史認識は十分とはいえない。閣僚経験者の中から「日韓併合は合法的に行なわれた」とか「植民地支配の時代は悪いことばかりでなく良いこともした」などの暴言もとび出す状況である。韓国に旅しても、三・一独立運動発祥の地パゴタ公園や西大門独立公園＝旧京城刑務所跡、安重根紀念館、独立紀念館等々を訪ねる人は少ない。ましてそれらの由来を知る人は限られている。

朝鮮民主主義人民共和国へは、特別の場合を除き北京経由でしか行けない。近くて遠い国となっている。それは未だに「国交」がないからである。一九九一年、ようやく日朝正常化の交渉がはじまったが、現在に至るも進展はない。交渉がはじまるまでは、共和国に行くのに特別の地域限定された日本政府発行のパスポートが必要であった。それは冷戦構造下における長い間の敵視政策の一環であった。

日本の朝鮮侵略の意図は明治の初期から存在する。いやそれ以前に、すでに吉田松陰や橋本左内が主張しており、明治政府に大きな影響を与えたとも言える。一八七三（明治六）年、西郷隆盛他が征韓論に破れて下野するが、この政争を制した大久保利通らが「征韓」そのものに反対したわけではない。その時期と方法を異にしたにすぎない。明治期、開明的な知識人と言われる福沢諭吉は一八八五（明治十八）年に「脱亜論」（資料参照）を発表し、アジアへの帝国主義的侵略を合理化していく。そして朝鮮に対して武力行使もやむなしと主張する。かれは朝鮮においては伊藤博文に次ぐ侵略者として映っている。

日清・日露の戦役はいずれも、朝鮮の利権獲得と侵略を意図したものであることは言うまでもない。やがて韓国併合へとエスカレートする。詳述は避けるが、いずれにしても、日本が近代統一国家として帝国主義的膨張政策、海外侵略の起点に朝鮮が存在していたことは明らかな歴史的事実である。したがって、日朝関係の正しい歴史認識は、その後の日本の進路を知るためにも非常に重要であり、それは平和教育にとって不可欠なことである。

近現代の歴史認識の重要性

一九九一年、時の総理大臣海部俊樹は、シンガポールを訪ねた際、次のような要旨の発言を

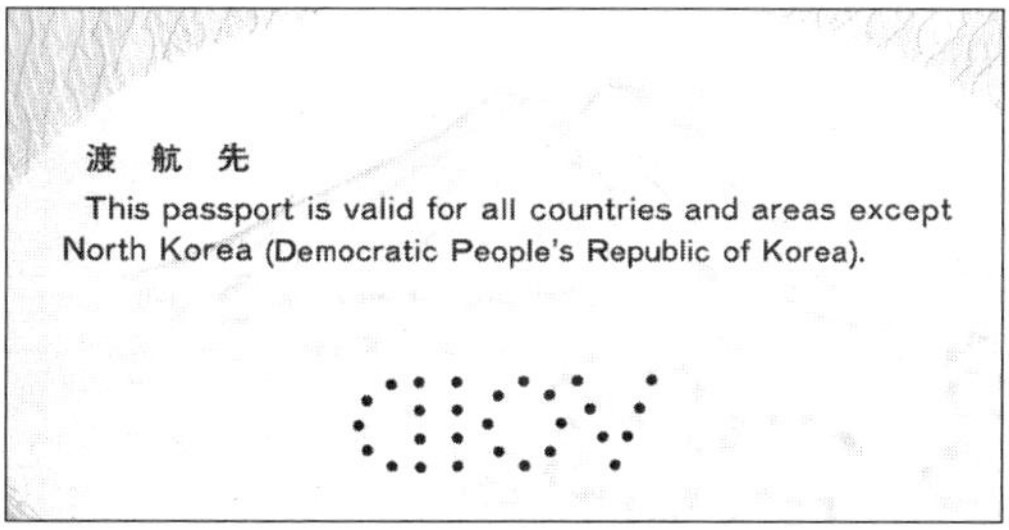

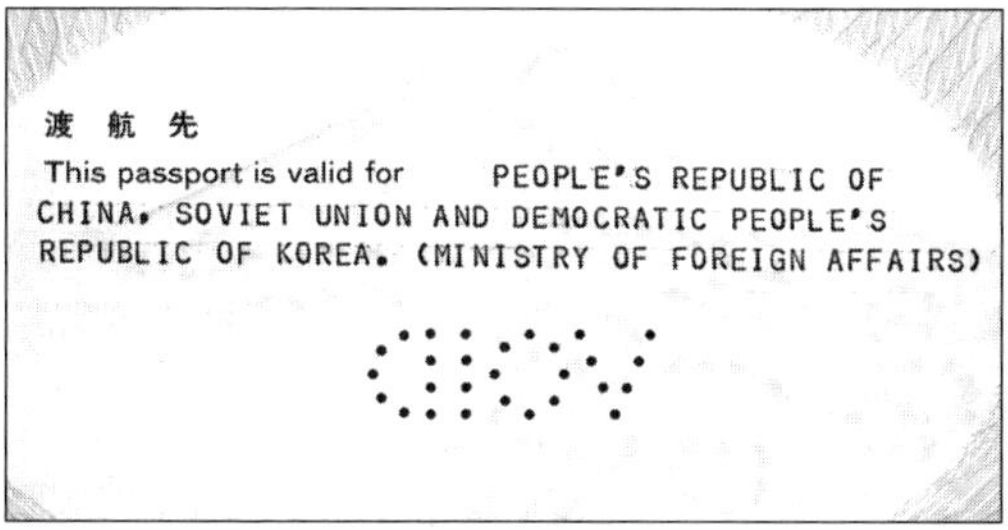

上・1990年頃までのパスポート
渡航先に、「このパスポートは北朝鮮（朝鮮人民共和国）を除くすべての国と地域を保障する」と記されている。
下・朝鮮人民共和国に行くためのパスポート
「このパスポートは、中華人民共和国、ソビエト連邦、朝鮮人民共和国に行くことを保障する」と記されている。

敗戦後、日本と朝鮮民主主義人民共和国とは現在に至るまで国交はありません。したがって、1991年、日朝会談が始まる前までは、日本外務省の発行するパスポートはAのように「North Korea」（北朝鮮）だけ除くとしていました。朝鮮人民共和国に行くには外務省に一定の手続きを経てパスポートを申請しなければなりませんでした。交付されたパスポートはBのようになっています。中国とソ連が含まれているのは、この両国を経由北朝鮮人民共和国に入国できなかったからです。

している。

「今世紀前半の歴史を振り返り、多くアジア太平洋地域の人びとに耐えがたい苦しみと悲しみをもたらした我国の行為を厳しく反省する。この深い反省にたって正しい歴史認識をもつことが不可欠と信じる。次代を担う若者たちが学校教育や社会教育を通じて我国の近現代史を正確に理解することを重視し、その面で努力したい」

この発言の真意はさだかではないが、それまでの文部省が指向してきた教育内容とは大きく異なる。海部の後の宮沢喜一、細川護煕、羽田孜、村山富市もほぼ同趣旨のことを述べている。細川がかつての戦争は「侵略戦争」であったと明言したことはまだ記憶に新しい。村山は国会の首相所信表明で「我国の侵略行為や植民地支配の深い反省に立って……不戦の決意のもとに……アジア近隣諸国との歴史を直視するとともに、次代を担う人びととの交流や、歴史研究の分野も含む各種交流を拡充するなど相互理解を一層深める施策を推進すべく、その具体化を急いでまいります」と踏みこんでいる。

このように九〇年代に入って歴代の首相が侵略や植民地支配の責任にふれ、近現代の歴史認識の重要性を指摘してきた。それにもかかわらず、文部省主導の学習内容は全く変っていない。その兆しもない。学校現場においても、この問題に教師たちが自主的・主体的に取り組もうとする動きは、ごくわずかでしかない。

歴史教育は人権・平和の教育でなければならない。その視点からの近現代史の学習と、その歴史認識が重要である。しかし、現状はそれを避け、戦前の歴史観に回帰しようとする動きすらある。また、受験戦争や受験教育によって空洞化されている。あらためて近現代史教育の強化充実を訴えたい。

(「平和教育」三号「はじめに」一九九六年)

資料

脱亜論

世界交通の道、便《べん》にして、西洋文明の風《ふう》、東《ひがし》に漸《ぜん》し、到る処、草も木も此風《このふう》に靡《なび》かざるはなし。蓋《けだ》し西洋の人物、古今に大《おお》いに異《こと》なるに非ずと雖《いえ》ども、其挙動の古《いにしえ》に遅鈍にして今に活発なるは、唯《ただ》交通の利器を利用して、勢《いきおい》に乗《じょう》ずるが故のみ。故に、方今東洋に国するもの、為に謀《はか》るに、此《この》文明東漸《とうぜん》の勢に激《げき》して之を防ぎ了《おわ》る可《べ》きの覚悟あれば則《すなわ》ち可《か》なりと雖《いえ》ども、苟《いやしく》も世界中の現状を視察して、事実に不可なるを知らん者は、世と推《お》し移りて、共に文明の海に浮沈し、共に文明の波を揚げて、共に苦楽を与《とも》にするの外ある可《べか》らざるなり。

文明は猶《なお》、麻疹《ましん》の流行の如し。目下《もっか》東京の麻疹は、西国《さいこく》長崎の地方より東漸して、春暖と共に次第に蔓延《まんえん》する者の如し。此時に当り、此流行病の害を悪《にくみ》て之を防がんとするも、果して其手段ある可きや。我輩断じて其術なきを証す。有害一偏の流行病にても、尚且《なおかつ》其勢には激す可《べか》らず。況《いわん》や利害相伴ふて、常に利益多き文明に於てをや。啻《ただ》に之を防がざるのみならず、力《つと》めて其蔓延《まんえん》を助け、国民をして早く其気風に浴せしむるは、知者の事なる可し。

西洋近時の文明が我日本人に入りたるは、嘉永《かえい》の開国を発端として、国民漸《ようや》く其《その》採る可きを知り、漸次《ぜんじ》に活発の気風を催ふしたれども、進歩の道に横《よこた》はるに古風老大《こふうろうだい》の政府なるものありて、之を如何《いかん》ともす可《べか》らず。政府を保存せん歟《か》、文明は決して入る可らず。如何《いかん》となれば、近時の文明は日本の旧套《きゅうとう》と両立す可らずして、旧套を脱すれば同時に政府も亦《また》廃滅す可《べ》ければなり。然《しか》ば則《すなわ》ち文明を防《ふせぎ》て其侵入を止《とど》めん歟《か》、日本国は独立す可《べか》らず。如何となれば、世界文明の喧嘩繁劇は、東洋孤島の独睡をゆるさゞればなり。

是《ここ》に於《おい》てか我日本の士人は、国を重しとし政府を軽しとするの大義に基《もとづ》き、又、幸《さいわい》に帝室の神聖尊厳に依頼して、断じて旧政府を倒して新政府を立て、国中朝野の別なく、一切万事西洋近時の文明を採り、独り日本の旧套を脱したるのみならず、亜細亜《アジア》全洲の中に在《あり》て新《あらた》に一機軸《いちきじく》を出《いだ》し、主義とする所は唯脱亜《だつあ》の二字に在《あ》るのみ。

我日本の国土は亜細亜《アジア》の東辺に在《あ》りと雖《いえ》ども、其国民の精神は、既に亜細亜の固陋《ころう》を脱して、西洋の文明に移りたり。然《しか》るに爰《ここ》に不幸なるは、近隣に国あり、一を支那と云《い》ひ、一を朝鮮と云ふ。此二国の人民も、古来亜細亜流の政教風俗に養はるゝこと、我日本国民に異《こと》ならずと雖ども、其人種の由来を殊《こと》にするか、但《ただ》しは同様の政教風俗中に居《い》ながらも、遺伝教育の旨《むね》に同じからざる所のものある歟《か》、日支韓三国相対《あいたい》し、支と韓と相似るの状は、支韓の日に於けるよりも近くして、此二国の者共は、一身に就《つ》き、又一国に関して、改進の道を知らず、交通至便の世の中に、文明の事物を聞見せざるに非ざれども、耳目の聞見は以て心を動かすに足らずして、其古風旧慣に恋々するの情は、百千年の古《いにしえ》に異ならず。此《この》文明日新の活劇場に、教育の事を論ずれば儒教主義と云ひ、学校の教旨は仁義礼智と称し、一より十に至るまで外見の虚飾のみを事として、其《その》実際に於ては真理原則の知見なきのみか、道徳さへ地を払ふて残刻不廉恥《ざんこくふれんち》を極《きわ》め、尚傲然《ごうぜん》として自省の念なき者の如し。

　我輩を以て此二国を視《み》れば、今の文明東漸《とうぜん》の風潮に際し、迚《とて》も其独立を維持するの道ある可《べか》らず。幸《さいわい》にして其国中に志士の出現して、先づ国事開進の手始めとして、大《おおい》に其政府を改革すること我維新の如き大挙を企《くわだ》て、先づ政治を改めて共に人心を一新するが如き活動あらば格別なれども、若《も》しも然《しか》らざるに於ては、今より数年を出でずして亡国と為《な》り、其国土は世界文明諸国の分割に帰す可きこと、一点の疑あることなし。如何《いかん》となれば、麻疹に等しき文明開化の流行に遭ひながら、支韓両国は其伝染の天然《てんねん》に背《そむ》き、無理に之《これ》を避けんとして一室内に閉居し、空気の流通を絶《たち》て窒塞《ちっそく》するものなればなり。

　輔車唇歯《ほしゃしんし》とは、隣国相助くるの喩《たとえ》なれども、今の支那朝鮮は、我日本のために一毫《いちごう》の援助と為《な》らざるのみならず、西洋文明人の眼を以てすれば、三国の地利相接するが為に、時に或は之を同一視し、支韓を評するの価を以て、我日本に命ずるの意味なきに非ず。例へば、支那朝鮮の政府が古風の専制にして、法律の恃《たの》む可《べ》きものあらざれば、西洋の人は、日本も亦《また》無法律の国かと疑ひ、支那朝鮮の士人が惑溺《わくでき》深くして、科学の何ものたるを知らざれば、西洋の学者は、日本も亦陰陽五行の国かと思ひ、支那人が卑屈にして恥を知らざれば、日本人の義侠も之がために掩《おお》はれ、朝鮮国に人を刑するの惨酷なるあれば、日本人も亦《また》共に無情なるかと推量せらるゝが如き、是等の事例を計《かぞふ》れば枚挙に遑《いとま》あらず。之を喩《たと》へば、比隣《ひりん》軒を並べたる一村一町内の者共が、愚にして無法にして、然《し》かも残忍無情なるときは、稀《まれ》に其町村内の一家人が正当の人事に注意するも、他の醜に掩はれて湮没《いんぼつ》するものに異《こと》ならず。其影響の事実に現はれて、間接に我外交上の故障を成すことは実に少々ならず、我日本の一大不幸と云《い》ふ可し。

左《さ》れば今日の謀《はかりごと》を為《な》すに、我国は隣国の開明を待《まち》ちて共に亜細亜を興《おこ》すの猶予ある可《べか》らず、寧《むし》ろ其伍《そのご》を脱して西洋の文明国と進退を共にし、其支那朝鮮に接するの法も、隣国なるが故にとて特別の会釈に及ばず、正に西洋人が之に接するの風に従《したがつ》て処分す可きのみ。悪友を親しむ者は、共に悪名を免かる可らず。我れは心に於て亜細亜東方の悪友を謝絶するものなり。

（明治十八年三月十六日、岩波書店『福沢諭吉全集』より）

なぜ、八月六日の平和授業にこだわるか

「八・六」平和授業を考える

今年も八月六日がやってきます。しかし、最近、「八・六平和授業」が行なわれない学校が増えているということです。「夏休みは出校日を全部なくしたから」「夏休みは学校に行かない日だから」「八月六日は暑いから時候がよくなって」「平和教育は何も八・六に限ってしなくても」とか理由はいろいろあるようです。

八月六日とは一体何でしょう。それは人類はじまって以来はじめてのヒバクの日です。「そんなことは百も承知、いまさら何を言う」と返ってきます。はなはだ失礼ですが、本当にその意味が、その重みがわかっているのでしょうか。この日ヒロシマではいろいろな行事がありす。夜は精霊流しがあります。これはヒロシマだからやっているのでしょうか。精霊流しは肉親や知人をしのんでのことでしょうか。たしかにそれもあるでしょう。けれどもその中には「三たび許すまじ原爆を」の願いがこめられています。これは、ヒロシマやナガサキの人たち

のものだけではなく、私たち一人ひとりの、そして人類すべての「平和を求める」ものとしてとらえなければなりません。

「八・六」平和授業とはそんなものです。たとえはあまりよくありませんが、お正月やお盆を寒いから暑いからといって延ばしたりする人はいません。八月六日（八月九日）という日は人類にとってそれ以上の意味をもっています。その認識が不十分であるとするなら、一人ひとりがもっと原爆にかかわっていかねばなりません。「八・六」がどうしてもわからなくなった時は、八月六日、午前八時十五分から子どもといっしょにはだしで運動場を三十分ばかりでよいから歩いてみたらいかがでしょうか。

「八・六」平和授業は、お上から与えられたり、自然にどこからともなくはじまったものではありません。それは先人たちの血のにじむような実践から、たたかいの中から創り出されたものです。しかも、その取り組みがはじまったのは一九四五年、原爆投下から四分の一世紀も経た一九七〇年前後からです。その頃のことを全国被爆教職員の会会長の石田明さんは次のように述べています。

教科書から原爆のことがほとんど消えていっていました。顔全体にケロイドを残した女の先生が子どもから、「先生の顔はなんでこんな火傷をしたのか」と問われ、教科書にはないし教えていいか悪いかわからないけれど、その顔を教材にして彼女にとっての八月六日を語らざるを得なかった。語ったことに対し、教科書にないことを教えたというので学校長から注意を受けたという事件が相次ぎました。そういう中で、一体教職員の持っているケロイドを教材にして子どもたちに教えることの意味はあるのかないのか、自ら考えざるを得なくなりました。

……被爆教職員の会が一番最初に手がけたのが、広島市内数校の中学生を対象にした簡単なアンケートです。「八月六日を知っているか、どんな日か」というアンケートをしたのですが、残念なことに広島の子どもにして八月六日を知らない。……「原爆はカッコイイ」というふうな回答も出る事実を突きつけられ、これ以上沈黙することは問題ではないか。私たちはヒロシマを教えることで、原体験中心だったと思いますけど原爆の事実を子どもたちに教える。このことを広島は怠ってはいけないということで「ヒロシマを原点」とする平和教育がはじまったと思います。

（一九九七年六月二十八日の「全国平和教育シンポジウム座談会」にて）

ここから「八・六」平和授業がはじまりました。この取り組みに長崎の教職員が呼応し、さらに大分、福岡をはじめ九州各県がつづきました。しかし、それは平坦な道ではありませんでした。教育委員会・校長・ＰＴＡなどの抑圧や妨害などがありました。先人の教師たちはそれをはねのけて年を重ねるごとに学校に「八・六」を定着させていきました。抑圧や妨害を加えたかれらも、「人類はじめてのヒバクの日」の前には後退せざるを得ませんでした。そればかりではありません。「八・六」が子どもから家庭に伝わり、保護者たちの「平和を考える集い」になったり、地区労や地域において「平和の日」として諸行事が開催されたりもしました。現在はこんな各地の催しはどうなっているでしょうか。

昨年（一九九七年）のことです。ある年配の方にお会いした時「八月六日は原爆の日でしょ。今の子どもは学校に行かないの、私の息子の頃はみんな学校に行くものと思っていました」と当時の思いを話されました。

また、ふた月ほど前のことです。ある教師が二十歳をすぎた教え子たちの同窓会で「先生から習ったうたはみんな忘れたけど、八月六日に習ったこれだけは覚えている。私たち同窓生のうたになっている」といって「ああ許すまじ原爆を」をみんなで歌ってくれたと語っています。私は往時を思い出して感激してしまいました。

徹底的にいためつけられた「八・六」平和授業

前にも述べたように一九七〇年代にはじまった「八・六」は当局やＰＴＡ役員などから徹底的にいためつけられました。その具体例を一つだけ紹介します。

福岡県の中で、とくに北九州市教委は「八・六」については徹底して認めないという厳しい態度をとってきました。一九七七年のことです。北九州市門司区のいくつかの中学校が夏休み前の職員会で校長ひとりが反対したけど今年はなんとしてでも「八・六」をやろうということになりました。八月に入ると校長は、電話で生徒会の連絡組織を通じて「八月六日は出校日でないので登校しないように」と連絡しました。八月六日当日、校長室には市教委の指導主事が陣取り、生徒が学校に行くと校門前に校長と教頭がいて生徒は追い返されました。この状況を見た教師たちは生徒を追いかけ、すぐ近くの公園や集会所に生徒を集め、そこで「平和授業」をしました。この後、四カ月も経た十二月になって市教委はこれらの教師たちを訓告処分にしました。その理由は、勤務時間中に校長の許可なく学校を離れた「職場離脱」というのです。八月六日は夏休みです。この日にどんな勤務が学校で予定されていたのでしょうか。

この門司のできごとを四年ほど前に、ある女性の集会で話しました。一人の方が「私その時の生徒で青空教室（公園）の集まりに参加していました。そのことは今もよく憶えています」そして「そんな背景があったとは知りませんでした。先生たちにとって平和教育をするということはたいへんだったんですね」と感動をこめて話されました。

教師の情熱が子どもの心を揺さぶり、いつまでも心に残るような、そんな平和教育をしたいものです。

さて、その後のことですが、市教委の態度はマスコミによって批判されるところとなりました。そんなこともあって、市教委は八月九日を出校日にしました。その理由は、平和教育のためでなく、今までの八月十一日の出校日ではあまりにもお盆に近いからということでした。昨年、市教委事務局の誰かが「北九州市が八月九日になっているのは、長崎原爆ははじめ小倉に投下されることになっていたからだ」と言っているという新聞記事を見ました。年月が経つと事実経過も全く変えられてしまうものだと思いました。

「八・六授業」はみんなでつくってきたもの、これからもつくっていくもの

現在、学校図書館には原爆に関する本がたくさんあります。また、職員室（学校）には教材も授業案もあります。「八・六」の授業を一回ぐらいやるのには事欠きません。それが「八・六」のマンネリ化につながっているのではないでしょうか。

初期の段階では学校現場にそんなものは何もありませんでした。教師たちはヒロシマに行ったり、長崎に行ったりして、自ら勉強しながら教材を見つけ、指導案を創っていきました。そしてそんな実践を通して自分たちがいかに原爆について知らないかを思い知らされました。そのことがバネになって年ごとに授業を充実させていきました。気が付いてみると「八・六」をはじめてから四分の一世紀にもなります。その中で蓄積された教材や実践は大へんな遺産となっています。しかし現在、その中にどっぷり浸って発展が滞っているのではないでしょうか。

私は四分の一世紀にもなると言いましたが、考えてみると原爆投下から現在までの半世紀、

その半分の四分の一世紀しか「八・六」はやられていないのです。このことを常に頭においておきたいと思います。

私たちのやってきた「八・六」は一九四五年八月六日のヒロシマ、そして九日のナガサキを原点に、それをめぐって研究し、学習し、授業してきました。そのことは正しかったと思います。ただ、その延長というか発展といえばよいのかわかりませんが、この半世紀の世界的な核政策や、そして日本がそれらにどうかかわってきたのか、また、各国や世界の人びとは核廃絶へむけてどのような努力をしてきたのかについての分析や研究は不十分ではないでしょうか。とすればそれにもとづく授業も同じことが言えそうです。

たとえば最近、インド・パキスタンで核実験がありました。教室では、これはいけないことだ、止めさせなければ、抗議すべきだなどと教えられています。これはこれでよいでしょう。しかし次のような問題をどのように考えたらよいでしょうか。

シツダールタ・シン駐日インド大使は、インドの地下核実験に対する長崎市の抗議に対し「インドはどこかの国々のように二国間、多国間の軍事、安全保障協定を結んで、核の傘の中に保護されるという恩恵はうけていない……批判的で感情的な反応は逆効果になると思う」(一九九八年六月六日「毎日新聞」)と述べています。(資料参照)どこかの国は日本を指していることは明らかです。日本は核の傘の中にあり、したがってアメリカの核を認めているのではないかということです。

そういえば一九九五年十月の国会の所信表明において村山富市首相は「核兵器を保有しない我国としては、米国との安保条約を堅持し、その抑止力のもとで安全を確保する」と述べています。

おかしなことはまだあります。同年、国際司法裁判所が「核兵器使用は国際法に違反するか」について各国に意見を求めた時、ヒロシマとナガサキの市長は、明確に違反するとし、強く核廃絶を訴えました。しかし、日本政府代表は両市長の見解と異なると述べています。

一九九五年四月、核不拡散条約（ＮＰＴ）の総会が開かれた時にも、加盟国の多くがこの条約の不平等性を指摘し、せめて核保有国が一定の年限をきめて核廃絶の道筋を明らかにすることを要求しました。そんな時、日本はアメリカなどが主張するそんな期限は設けない、現行条約の無期限延長という意見に同調しています。

日本は唯一の被爆国といいますが、国際的には核兵器を肯定している国ではないでしょうか。インド、パキスタンに対する抗議は日本のダブルスタンダードを意味します。

平和教育は二十一世紀にむけて、核廃絶そして平和を創り出す力を子どもの中に育てることです。とすれば、それこそ人類はじまって以来の激動するこの半世紀について、グローバルな視点から、歴史的にも、今日的な問題についても徹底した追究と考察が必要になってきます。このことの取り組みの不十分さが（遅れが）平和教育のマンネリ化の一要因にもなっているのではないでしょうか。

このように述べてくると、そんな難しいことを言っても子どもなんかにわかるものか、お前は教育現場を知っているのかという声がどこからか聞こえてきます。そのお叱りは結構です。しかし、教師（おとな）の一人ひとりがこの半世紀の認識を深め、今日的な問題点を適確に把握することによって平和教育は深められると思います。教育は何も教師が到達したレベルをストレートに実践に移すというものではありませんし、子どもの発達段階に応じてやらなければならないことはわかっています。けれども小学校、中学校、高等学校ぐらいまでのそれぞれの段階において着地点（到達点）は、この半世紀の分析・考察にたって明らかにしておきたいと思います。

「八・六」が平和教育を拡めた

たった一日の「八・六」平和授業は年を追うごとに拡がっていきました。地域の空襲の日、日本の侵略・加害体験・戦争責任、毎月の戦争と平和に関連した日の平和教育、社会科だけでなく国語科なども含めた教科書研究、等々数え上げれば限りがありません。

「八・六」が発足した当初、八月六日に一斉にやらなくても年間を通してやればよいという主張はたしかにありました。現時点で、全国的にみても「年間を通して」と主張し実践に取り組んだところは、概していつの間にか平和教育の姿が消えているという現実があります。

当局は「八・六」つぶしの理由に平和教育は否定しないが、年間を通じてやればよいという圧力を常にかけてきました。このことも合わせて考えてみたいと思います。

次に、私のところは地域の問題をとらえて平和教育をやっているので、何も「八・六」をやらなくてもよいという意見があります（たとえば「六・十九福岡空襲」など）。

この意見について二つのことにふれます。その一つは「八・六」というのは人類にとって世界的、歴史的な重たさをもっておりその視点から考えるというものです。この半世紀も核が世界を大きく支配してきました。「八・六」はそのことにふみこんでいくということです。だからといって地域の問題を軽視しようなどとは少しも考えていません。

もう一つは、「八・六」がはじまる以前には、その地域の問題や身近な問題にかかわっての「平和教育」はほとんど存在していなかったようです。「八・六」が起点になって平和教育として地域の問題が掘りおこされてきたという経過があります。そして「八・六」を起点にいろいろな平和教育が実践され、それが連携し、系統的に整理されて一つの平和教育の体型とでもいうものがつくられてきました。紙数の関係もあってふれることができませんが、「沖縄で学ぶ」という実践も「八・六」の中から出てきたものです。

「八・六」の今までの取り組みと、とくにこの半世紀の核をめぐる状況や世界史をふりかえりながら、「八・六」平和授業のさらなる発展と充実を心から期待する次第です。

資料
インドの核実験に対する長崎市の抗議に対しての駐インド日大使の返書

一九九八年五月二十七日
駐日インド大使　シッダールタ・シン

長崎市長　伊藤一長様

拝啓

先日、貴台から頂きました核実験に関する書簡は、本国政府に回送いたしますが、私からも今回の核実験に至った経緯及び考え方などをお知らせしたいと思います。

我が国の近隣及び周辺地域の平和と安全はインドにとって重要な優先事項であります。私達は、この問題を改善するため建設的な取決め、信頼醸成、対話など地域協力の強化によりこの目的を遂行して参りました。また、同様に、国際平和及び安定を強化するための努力も行なってきました。インドにとって、国の安全とは、経済及び社会開発、環境、政治的、社会的問題を含むものであり、私達はこれらの問題に常に注意を傾けております。

他の国と同じように、インドは地理的、物理的制約、歴史的経験及び世界の安全保障の枠組の下、自国の安全保障の権利を守らなければなりません。私達は、これに対する査定を行ない、我が国の安全保障にとって何が必要か客観的に定義づけております。（我が国の防衛費がＧＮＰの二・四％と低い割合である意味がお分かりいただけると思います。）隣国の一つが六〇年代に核保有国となり、軍事力の近代化プログラムの向上を図っていたので、インドの安全保障環境は更に複雑なものになりました。また、西方に位置する隣国は長年に亘り、外部からの援助により核開発及びミサイルの開発プログラムを秘密裏に進めております。このように近隣諸国において核技術やミサイルが蓄積されるのを見過ごすわけにはまいりません。また、世界において核兵器のレベルが改良され続けているという現実にも注意を払っております。

我が国は、世界の核軍縮及び核廃絶が、地域と世界の安定に最も必要な基礎であると信じており、これを実現するために常に努力してきました。また、インドは先頭に立って世界の軍縮を訴えて参りました。我が国は一九五四年に最初の核実験中止の必要性を宣言した国であります。その時までに行なわれた核実験の数は六十四回でした。一九六五年、世界の核兵器保有量を削減するため核不拡散に関する条約の必要性を訴えました。この条約には核保有国にも同様の責任を課すことが含まれておりました。一九八八年、核兵器のない世界を確立するための段階的な行動プログラムを提案しました。また、二年半にわたりＣＴＢＴの交渉にも加わり、建設的に、また、誠実に行動してきました。一九九六年までの核兵器保有国による核実験は二千回以上に達しました。我がNPT及びCTBTの署名をしない理由は交渉の段階で明らかにしておりますし、その後においても何度も繰り返しております。私達は、核保有国は自国の安全保障のために核兵器を手放さず、その他の国々には核兵器の所有を許さないという状況を容認できないのであります。核軍縮及びその他全ての大量破壊兵器の廃絶は、普遍的、包括的で平等な多国間交渉による協定を締結することによってのみ実現できると考えております。我が国は、生物・化学兵器禁止条約に署名しておりますが、これはこの条約が普遍的で、包括的で、平等であるからです。これらの努力と平行して、他の国々と協力して、地域の平和と協力関係強化のため力を尽くしてきました。

しかし、我々の努力にもかかわらず、地域及び世界の安全保障環境は殆ど改善されておりません。安全保障に関する我が国の憂慮については、二国間及び多国間の話し合いの中で、再三に亘り発表して参りましたが、いまだに取り上げられておりません。先に行なわれたパキスタンの中距離ミサイル実験などのように具体的な出来事に関しては、そのことの持つ意味を考慮に入れなければなりませんでした。これは単発的な出来事ではなく、私達がずっと言い続けてきたことが確認されたということです。

安全保障に対する我々の憂慮は国際社会から無視され続けてきたという強い国民感情があります。多くの国々による真に核軍縮を求める声も無視されてきました。更に、インドはこれまで一貫して責任あるアプローチをしてきたにもかかわらず、その努力を認められるどころか、（核の）技術を使えないという罰（ペナルティー）まで課せられてきたのです。年々、軍事核のプログラムを改良し、拡散に貢献してきた国々が善行の証書を授与され、更に核及び関連技術は自由に使えるという特典まで得たわけであります。インドはどこかの国々の様に二国間、又は多国間による軍事、安全保障協定を結び、核の傘の中に保護されるという恩恵を受けておりません。

インドは、長年にわたり核のオプション（選択肢）を行使することはありませんでした。核の開発は行ないましたが、一九七四年の平和的爆発を行なってから、二十四年間に亘り自主的に軍事化を自制してきました。これは、核の歴史の中でもめずらしい自制のケースです。いつの日か近隣における核兵器及びミサイルの蓄積が行なわれると同時に、遅々として進まない核軍縮の情勢の中で、幾つかの国による選択的な核不拡散協議事項は、二重構造になっております。この協議事項では特にインドに焦点を当てており、もし同一歩調をとらなければ、孤立化し、非難の的になることを暗にほのめかせているのであります。このような状況から、最小限の防衛に必要な手段をこれ以上先延ばしにすることはできなかったのです。

核実験を行なったのは、核のオプションが信頼のおける選択肢であることを確かめるためでした。すなわち、インド国民に国の安全は完全に守られているという安心感を与えるのに必要だったのです。しかし、核実験の際、核保有量を増やすための行き過ぎたプログラムには着手しなかったことを御理解いただきたいと思います。先のテストから得たデータは今後、シュミレーションやＣＴＢＴの署名国が既に実施しているような臨界前核実験に利用されることになります。当初より計画していた一連の実験はすでに完了しました。今後の交渉のため、ＣＴＢＴの一部に関しては受け入れる意志がある旨、すでに表明しております。また、ジュネーブの軍縮会議にて行なわれる核物質生産禁止条約締結（カットオフ条約）のための交渉にも参加する用意があります。

先の実験は、いかなる協定や、条約及び国際法の原則にも違反しておりません。幾つかの国が我々の核実験により国際平和及び安全保障が損なわれたと申し立てを行なっていることは誠に遺憾に思います。インドはこれまで地域の平和と協力及び、核軍縮の促進に責任を果たしてきた国であり、これらの非難は根拠のないものであります。インドは責任感の強い国であり、自国の安全保障に関する決定は冷静に行ないます。核軍縮を求める世界の声やインドの安全保障問題に「関する説明に注意を傾けていれば、今回のような決定を取らされることはなかったと思います。今後も我が国は、核兵器の無い世界を実現するため国際社会と協力していきたいと思います。

インドは日本との関係を重要視するとともに、今回の核実験に至った経緯を御理解いただきますようお願いいたします。この問題に関し、広島と長崎の経験をもつ日本の国民感情に対し、インド国民は大変敏感になっております。私達は、日本の国民感情に特別の敬意を持っております。同様に、我が国の国民に対しても同様の敬意を払っていただけるものと期待しておりました。批判的で、感情的な反応は逆効果になるものと思います。日本とインドは率直にかつ、自由に相手を理解しながら話さなければなりません。お互いの立場を理解しようとするこれまでの歴史が現在の問題を克服し、緊密な友好関係を築いていく上で役立つものと思います。

敬具

（「平和教育」会報四十一号「なぜ『8・6』にこだわるか」九州・沖縄平和教育研究所、一九九八年七月六日）

平和教育としての「二月十一日建国記念の日」

戦争原体験の継承から戦争構造へ

一九五〇年に勃発した朝鮮戦争を期に警察予備隊が生まれ、続いてサンフランシスコ講和・日米安保の両条約体制がつくられていきました。これに対して日本の平和運動も平和四原則(一九五一年)を基調に、反米軍基地、反自衛隊、反安保、護憲のたたかいが、多くの人びとを結集してたたかわれてきたことは周知のとおりです。平和教育も「教え子を再び戦場へ送るな」(一九五一年)のスローガンのもとに実践されてきました。しかし、平和教育が計画的、継続的に、そして全国的に大きく展開されるようになったのは、敗戦から四分の一世紀を経た一九七〇年前後からです。現在、それからさらに四分の一世紀以上を経過していますが、その間多くの先達が確かな実践と立派な実績を残しています。この大いなる実績をふまえ、今後の平和教育のさらなる発展が期待されるところです。

さてこの期における平和教育は「ヒロシマ」の教師たちの原爆を原点にした平和授業ではじ

まり、七〇年代に入って九州から全国へと拡がっていきました。その平和教育は原爆の被害やその悲惨さについて多くの子どもが学んだだけでなく、子どもを通して家庭にも入って行き、保護者も参加するようにもなりました。学校ではとくに戦争原体験（被爆体験）を大切にし、多くの体験者にそれを語ってもらったりしました。

このような平和教育は「戦争原体験の継承」ということになりますが、「原体験の継承」といっても、それはほとんど「被害体験」であって、加害体験はどうなっているのか、という声が出てきました。そこで、中国侵略や南京虐殺等々の問題が取り上げられるようになりました。「加害体験」の学習はやがて「戦争責任」としてとらえられ、その償いはどうなっているのかを考えるようになりました。

ここまでくると子どもたちの中から、そんな戦争をなぜしたのか、その当時の人はなぜ戦争に反対しなかったのかという意見が出てきます。この「なぜ」を子どもたちに理解させるのは、そう簡単にはできません。何となれば当時の社会状況と現在の社会状況とを比べると大きく異なっているからです。当時の社会状況はいうならば戦争を遂行するしくみになっていました。教師たちはそれを「戦争構造」と呼び、そのしくみにアタックしていきました。もちろんこれは歴史教育でもありますが、そのしくみの支柱に天皇制国家主義があったことを改めて認識します。その基点に二月十一日紀元節が浮上してきます。

紀元節を起点とした天皇制国家主義

天皇の紀元で今から約二六六〇年程前（紀元は西暦より六六〇年多い）日向の高千穂にいた天照大神の子孫である神日本磐余彦尊《かむやまといわれひこのみこと》が東征に勝利して、奈良の橿原《かしはら》で即位し神武天皇となりました。その日が二月十一日とされています。これは「日本書紀」に出てきますが、史実ではありません。しかし、一八七三（明治六）年、太政官布告でこの日を紀元節として祝祭日の一つに決めました。

一八八九（明治二十二）年二月十一日、大日本帝国憲法が発布されました。現在使用されている小・中学校の教科書のほとんどは、この二月十一日を記載していませんが、これは重要な意味をもっています。憲法発布をこの日にしたのは、天皇の地位や権力は憲法によってきまるものではなく、神武天皇即位から一貫して存在しているのだということを強調するためでした。

この憲法発布につづいて一八九〇年には教育勅語。さらには小学校祝日大祭日儀式規程が出てきます。この頃を近代日本において天皇制国家体制が制度的に確立した時期とみてよいでしょう。紀元節はその思想的な発想の一つの起点となっています。

そしてこの時期から紀元節はじめ祝祭日が国家的行事として儀式の形式をとって国民大衆の中に入ってきます。全国の小学校では祝日に、全校教職員・生徒が出校して儀式に参列し、天皇・皇后の写真(御真影)を拝し、校長が教育勅語を読み、君が代を歌うことが強制されました。紀元節は戦争にもずいぶん活用されてきました。一八九〇年二月十一日には戦争で武功をたてたものにさずける金鵄勲章が制定されます。一九〇四年の日露戦争では二月九日、仁川沖・旅順海戦、十日宣戦布告、十一日日露海戦と緒戦の勝利を報じ国民の士気高揚をはかりました。また、多くの戦闘において「紀元節を期して総攻撃を開始せよ」「紀元節までに〇〇を占領せよ」といった命令が出され、多くの血が流されています。一九四二年、シンガポール突入なども その例の一つです。

一九四五年敗戦、新憲法のもとに一九四八年「国民の祝日に関する法律」が公布されます。その中にはそれまでの祝祭日のほとんどが名称を変えて入りこんでいましたが、紀元節だけは排除されていました。

「建国記念の日」はどんな役割を担ってきたか

一九六六年、「国民の祝日に関する法律の一部改正」により、翌年から「建国記念の日」がスタートしました。これは戦前を経験した人たちには「紀元節」の復活と映りましたが、敗戦から約二十年のブランク?は若い人たちにとっては、たんに休日が増えたといった程度にしかとらえられなかったようです。

しかし、神社関係や「自主憲法」制定を叫ぶグループ、さらには右翼団体などが「紀元節」の復活として奉祝行事などを拡大していきました。

七〇年代になると、一九七六年、天皇即位五十年、一九七七年、学習指導要領で君が代を国歌と規程、一九七八年、「日米防衛協力のための指針」（旧ガイドライン）、一九七九年、元号法制化など、天皇や国家主義、軍備強化にかかわることが続きます。

これらの動きと呼応しながら、二月十一日には、神社で奉祝典を催し参加者に日の丸の小旗や紅白のまんじゅうを配るところがあったり、「慶祝○○市民大会式典」を催し、その後、日の丸行進を行なう私立高校が出てくるなど、街頭での行動も目立ってきました。また、地域によっては、老人会が隣組の各戸に教育勅語を配ったり、日の丸の旗を売ってまわったりするところもありました。

この時期、短絡していえば、国家主義に深くかかわる愛国心、道徳心の高揚、日の丸・君が代の強制、靖国神社国家護持、自主憲法の制定等々が一挙に吹き出してきたということになります。

これらの状況の中で、知識人や労働者、市民グループの中から批判や、それらの反動的な動きに対する反対運動も出てきます。平和教育においては天皇制国家主義が戦前の戦争構造を支えたとする歴史教育だけでなく、その構造が巧妙に復活しつつある現実に直面し、現代的な課題としても、「二月十一日」を節にして戦争構造を追及していかねばならない状況となっていきました。この選択は当然のことです。そして七〇年代以降取り組んできた「八・六」を「原爆を原点とする平和教育」として一つの大きな節とし、新たに「二・十一」を戦争構造の最たるものである「国家主義を追及する平和教育」の節とし、この二つを支柱に年間の平和教育を組み立てていくという手法が考えられるようになりました。

二月十一日を節にして国家主義を徹底的に追及しよう

三、四年前から「自由主義史観」とやらが吹聴され、小林よしのりの『戦争論』がベストセラー?になったり、昨年(一九九八年)は、二月三日に祝典曲「紀元二千六百年」が東京サントリーホールにおいて演奏されたり、東条英機の「運命の瞬間《とき》」が大々的に上映されたりたりして、天皇や国家主義賛美の攻勢が強まっています。

今年(一九九九年)になって中村正三郎法相が「日本人は連合国から国の交戦権は認めない、自衛もできない、軍隊も持てないような憲法を作られて、それが改正できないという中でもがいているという大変な時代に我々は生きている」と憲法九条改正に触れるような発言をしています。これらは時間的にはバラバラにでてきていますが、すべて一連のものとみなければなりません。

現在、新ガイドライン関連法案が国会で重要な時期にきていますが、これらの法案は有事立法体制の一部です。新ガイドラインでは以下の点を大きな柱にしています。

一、日米の平素から行なう協力。
二、日本に対する武力攻撃に際しての対処行動など。
三、日本周辺地域における事態で日本の平和と安全に重要な影響を与える場合（周辺事態）の協力。

この三、の部分が現在「周辺事態措置法案」として提案されているのです。かれら（政府・自民党など）はこの後、二、にかかわって日本有事についての重要法案を準備していると考えられます。

一九九九年一月三十日付「毎日新聞」は、「防衛庁は二十九日、朝鮮半島情勢が緊迫する事態を視野に入れて、野呂田芳成長官をトップとする〝重要事態対応会議〟で有事法制を研究することを決めた」と報じています。この記事はその「日本有事法案」（仮称）の準備に入ったことを示唆しているのではないでしょうか。

また、同日付「朝日新聞」は、昨春国会に提出した「組織的犯罪対策法案」（組対法）が、「今国会で成立しなければ廃案になるおそれがある」として、自民党が民主・公明・自由の各党に修正案を提示したことを掲載しています。

日本が武力攻撃された時、すなわち有事体制をどうするか、その時には過去の歴史から、国民の基本的人権が制限されたり、新たな義務が課せられることが考えられます。そのためには「日本有事法」だけでなく組対法や治安維持法のようなものが出てくるでしょう。この時、民衆は当然反対するでしょう。しかし、かれらはこれに反対できない体制をつくろうとしています。戦時中、戦争反対を唱えた者は官憲の弾圧だけでなく、民衆から「非国民」とののしられました。そんな権力の支配に反対できない体制づくりをかれらは今めざしているのではないでしょうか。「日本の古き良き伝統」とか、愛国心とか調子のよいことばを並べて、みんなを国民統合のもとにはめこもうとしているのではないでしょうか。それが国家主義です。国家主義は内部において民衆を統制し、外国に対しては侵略を正当化するものです。それは、過去日本が歩んできた道です。再び過ちをくり返さないために、「二・十一」を節にして人権を抑圧する国家主義の意図を鋭く追及していくことが、平和教育にとって大きな今日的課題ではないでしょうか。

（「平和教育」会報四十八号「平和教育としての『2・11建国記念の日』」九州・沖縄平和教育研究所、一九九九年二月八日）

「教え子を再び戦場へ送るな」考

いつ、どうしてできたか

この二、三年、教職員組合関係の教育研究集会などにおいて「教え子を再び戦場へ送るな」のスローガンが掲げられていないとか、あってもよくわからないところに小さく申し訳程度にかけられているとか、そんなことをよく耳にします。それだけでなく、こんなスローガンをいつまでも掲げているから日教組運動はだめだとか、国際連帯の教育をすすめるためには、そんな時代的なものは必要ないといった否定的な意見も出てきていると聞いています。

私には、このスローガンを掲げていたらなぜ日教組運動はだめなのか、なぜ国際連帯をすすめるのに障害になるのか、その理由がわかりません。そこで、このスローガンがどのような時代背景からでてきて、どのような歴史的な意味をもっているのか、そして今日的な意義と課題について考えることにしました。

一九五〇年六月、朝鮮戦争がはじまると、日本に駐留していた米軍四個師団が朝鮮半島に出動しました。時の占領軍最高司令官マッカーサーは、これによって生じる日本の占領状態の空白を穴埋めするため、国家警察予備隊（七万五千人）の創設と、海上保安庁の拡充（八千人増員）を吉田首相宛書簡で指令しました。これを受けて同年八月、現在の自衛隊のタマゴとなる警察予備隊が発足しました。

朝鮮戦争では、日本列島は米軍の兵站基地となり、なかでも福岡は最前線基地になりました。小倉や春日原のキャンプには米軍兵士があふれ、毎日、博多港や門司港から船積みされ朝鮮へむかいました。また板付・芦屋・築城などの空軍基地からは軍用機が昼・夜の別なく発着し、その爆音による被害も続出し、まさに戦場の様相を呈していました。

このように書いてくると、今問題になっている新ガイドライン関連の有事立法が発動されたとしたら、こんなになるのではと思えてなりません。

アメリカは朝鮮戦争を機に対日講和条約の締結を急ぎます。それは対日参戦国の全てではなくソ連など社会主義国を除こうとするもので、しかも日米安保条約の同時締結も企図していました。いうなれば、日本を自由主義陣営にひきこみ、日本をアジアにおける反共防波堤にするため、日本にある米軍基地を継続維持し、あわせて日本の再軍備強化をはかろうとするものでした。

それだけに労働者や知識人、学生など多くの人びとは戦争への危機を強く感じとり、それに反対し行動を起こしました。社会党は一九五一年一月の大会で、全面講和、中立堅持、軍事基地提供反対、再軍備反対のいわゆる平和四原則を確認し、新しく委員長になった鈴木茂三郎は「青年よ銃をとるな！」と訴えました。朝鮮戦争勃発直後に結成された総評は翌年（一九五一年）三月の第二回定期大会でこの平和四原則を確認し、日本の平和運動をすすめる大きな中核となっていきました。

さて、日教組ですが、このような動きの中で、一九五一年一月、第十八回中央委員会を開催しますが、会場正面に大きく「教え子を再び戦場に送るな」のスローガンをかかげ、「講和に関する決議」〈資料〉を採択しました。この決議は前文で講和をめぐるきびしい情勢にふれるとともに、強力な運動を展開するとして五項目をあげています。その中に「教え子を再び戦場に送らない……」の文言がでてきます。

日教組はこの第十八回中央委員会につづいて同年五月、第八回定期大会を兵庫県城崎で開きました。この大会は日教組にとって画期的な大会といえるもので、平和四原則を再確認するとともに「教え子を再び戦場に送るな」をメーンスローガンとして確認し、さらには、全国教育研究大会（教研大会）の開催も決定しています。教研大会はその後「教研集会」と呼ばれるようになり、今日に至っています。教研活動の原点が「平和」「平和教育」にあるとされているのはこの城崎大会の論議によるものです。

その時の教師たちの認識は

元日教組委員長・総評議長を長く勤めた槙枝元文さんは、敗戦になって復員してきて、戦死した教え子の家をまわっています。仏壇に手を合わせた後、帰ろうとする時に、その子のお母さんから「あの時、先生が少年航空兵に行けとすすめなかったら、この子はこんな姿になっていなかったでしょう」と言われたそうです。その一言が、自分のその後の人生を決めたと語っています。「お国のために死ねと教え」お国のために戦場に教え子を送り出した、その過ちに対しての慚愧の念が槙枝さんの方向を決めたのではないでしょうか。

一九五二年一月三十日発行の高知県教組の新聞「るねさんす」に武田順治の名で発表された竹本源治さんの次のような詩が出ています。

戦死せる教え児よ　　竹本源治

逝いて還らぬ教え子よ　私の手は血まみれだ
君を纏ったその網の　端を私は持っていた
しかも人の子の師の名において　嗚呼

「お互いにだまされていた」の言訳が　なんでできよう
慙愧、悔恨、懺悔を重ねても　それがなんの償いになろう
逝った君はもう還らない
今ぞ私は　汚濁の手をすすぎ　涙をはらって君の墓標に誓う
繰り返さぬぞ絶対に！

私たちは、上記の槙枝さんのことばやこの詩「戦死せる教え児よ」から、戦争をくぐってきた当時の教師たち、言いかえると、「教え子を再び戦場に送るな」というスローガンにかける心情というか、思いを知ることができます。そこには天皇制国家主義教育のもとに「お国のために死ね」と教え、自らの手で「教え子を戦場に送り出し、死に至らしめた」ことに対する反省と、そこに平和を求め再び過ちをくりかえさないという決意がこのスローガンにこめられていたと解してよいでしょう。

しかし、それから約半世紀が経過した現在の時点に立って考えると、当時の教師たちのこの思いというのは教え子が死んだという「被害意識」から出てきていたのではないでしょうか。教え子が加害者となって侵略戦争に参加させていったその教師の責任を追及するという意識はほとんど存在しなかったと思います。たしかに教師は子どもたちに対しては加害者の立場に立っていたでしょう。しかし私がここで指摘したいのは、戦争の相手国の人びとに対する加害

意識、それからくる戦争責任とその償いをどうするかという意識が存在していたかということです。その答えは否です。なぜなら、敗戦に至るまでほとんどの教師がこのたたかいをアジアの解放、大東亜共栄圏の建設、聖戦と思いこみ、南京虐殺をはじめ現地住民を苦しめた侵略戦争の実態を知らされていなかったからです。だからといって、教師たちの誤ちや戦争に加担した責任は免れるものではありませんが、当時の教師たちは「教え子を死なせた」という現実の前に、教師の良心としてその責任を自己責任として厳しく問うたものと思います。

加害者意識と戦争責任

侵略・加害の実態は戦後、東京裁判や体験者の証言、さらには研究者などの追究によって明らかにされ多くの人びとが知るところとなりました。しかし一方では日本の侵略を否定し、自らの戦争責任を追及しない仕組みもすすみました。その仕組みというのは、

①対日講和条約による賠償請求がアメリカの思惑によって低くおさえられたこと。
②日本の独立回復後岸信介のようなA級戦犯が政界の中枢に復帰してきたこと。
③思想・文化の面において、とくに教育において自民党や文部省が侵略の事実を否定し、教科書検定の強化などの統制を加えたこと

等々があげられます。これらは裏返せば、日米安保体制・再軍備の強化、拡大をすすめる大きな力となってきました。そして現在では安保再定義、新ガイドライン、有事立法へとつながっています。

しかし、一九八〇年代になって文部省の検定教科書問題に対して、歴史認識のちがいから、とくにアジア各国からの批判がたかまり、戦争責任とその償いが大きな問題になってきました。一九九〇年代になると、海部首相以降の歴代首相はなんらかの形で「おわび」を言ったり、過去の侵略の歴史にふれざるを得ない国際関係になっています。けれども、それは「ことば」だけの問題であって、従軍慰安婦問題、強制連行、強制労働等々について実のある償いはなされていません。このような政府や保守勢力の態度は批判されねばなりませんが、それを許してきた私たち一人ひとりもまたその責任を厳しく問われなければならないでしょう。

「教え子を戦場へ送るな」の今日的意義

これまで、日本人である私たちの戦争における「加害とその責任」の認識が欠如していることを述べてきました。しかし、現在の日本は再び加害の側に立とうとしています。安保再定義を受けて作成された新日米防衛協力のための指針（新ガイドライン）が旧に比して決定的に異なるのは、専守防衛から海外派兵への転換です。これは自衛権をたてとした軍隊（これも憲法に反しているが）から国外に出ていく軍隊、すなわち加害の側に立つことを意味します。「教え子……」のスローガンは、そのような「加害」の側に立つ「自衛隊」に教え子を送らないということはもちろんですが、もっと広い範囲で「加害」の体制に教え子を送らない、そしてその体制を拒否し否定するような子ども・青年を育てることを意味します。ここにこのスローガンの今日的な意義があります。有事立法はかつての国家総動員体制をめざしているといわれています。この体制こそが「加害者」をつくり、また「被害者」をつくり出してきたことは歴史が明らかにしています。

憲法九条は、「正義と秩序を基調とする国際平和を誠実に希求し、国権の発動たる戦争と、武力による威嚇又は武力の行使は、国際紛争を解決する手段としては、永久にこれを放棄する」としています。今こそ憲法理念を追究し、二十一世紀にむけて世界に花開かせなければなりません。

資料
講和に関する決議

（一九五一年一月二十四日、日教組第十八回中央委員会）

朝鮮事件の発展と国際情勢の進展は、対日講和の早期締結を各国の間に決意させるに至り、今やアメリカの草案をめぐって関係国間に真剣な検討が加えられている。

しかしながら現在の危機的段階にある国際情勢の中にあっては、講和条約はその形式、内容においてわれわれの所期する全面講和、日本の完全独立とは遥かな程遠いものとなることは想像にかたくないところである。特に最近表面化しつつある日本の再軍備問題はわが国をして国際的紛争に直接介入することへの一段階となる危険をはらむものとして、われわれの最も警戒するところである。国内保守反動勢力はかかる情勢に便乗して刻々と国内情勢を臨戦的に強化しつつ世論の誘導に全力をあげてつとめている。このため勤労大衆の生活はいよいよその窮迫の度を強め、社会不安はますます増大しつつある。

今こそわれわれは次の方針に従って平和へのゆるぎなき願望を全世界に宣明して、日本の完全独立を確保するために全労働階級とともに強力な運動を展開する。

一、われわれの講和に対する基本的態度として去る二十五年二月発表せる「講和に関する声明書」ならびに七月の平和声明にもられたる全面講和、中立堅持、軍事基地提供反対を再確認する。

二、右の基本的態度から再軍備に反対する

三、講和内容については、政治的自主権を完全に保持し、真に独立の名に値する内容条項の決定を強く要望する。

四、これについては、われわれが先に講和に関する声明書に提示した基本線を骨子として、総評ならびに勤労階級政党にはたらきかけ、統一的に決定し、闘争を展開していき、広く国民大衆の世論を結集する。

五、困難なる講和を通してかち得られる民族の完全独立は、国民一人一人の精神的自立を基盤とした積極的且つ広汎な平和運動によって達成されることを信じ、再び教え子を戦場に送らない決意のもとに日常教育活動に努力を傾注する。（傍線筆者）（以下省略）

注1

文中①にある全面講和、中立堅持、軍事基地提供反対と、②にある再軍備反対をあわせて「平和四原則」という。以降、総評・社会党を中心とする日本の平和運動の基点となった。

注2

⑤にある「再び教え子を戦場に送らない決意」が、その直後の兵庫県城崎で開催の日教組第十八回定期大会のメーンスロガン「教え子を再び戦場へ送るな」として採択され、今日に至る。

（「平和教育」会報第四十七号「『教え子を戦場に送るな』今日的意義を考える」九州・沖縄平和教育研究所、一九九九年一月一日）

岐路に立つ日本の平和教育の課題

歴史的岐路に立つ日本

現在、日本は二十一世紀へむけて一つの大きな岐路に立っている。その要因に一九九六年の日米共同声明による日米安保の再定義、それにもとづく日米防衛協力のための指針の見直し(新ガイドライン)、そして国会に上程されている関連三法案や日米共同訓練・演習の激化などをあげることができる。これは一言で言えば、自衛隊の海外派兵であり、日本全土総基地化である。

憲法違反といわれてきた自衛隊は、それでも約半世紀専守防衛ということで、ＰＫＯや掃海艇の海外派遣はあったけれども、集団的自衛権を指向しての海外派兵は一応押さえられてきた。それが今回、後方支援という名のもとに大手を振って大量の軍隊が海外に出て行くというのである。これは路線の大転換であると同時に日本が再び加害者、侵略者になることを意味する。しかし、多くの日本人はその自覚はない。その度合いはかつての戦争責任の認識の度合いと比例する。

日本における米軍基地は占領当時（一九四五年――一九五二年）とくらべると、講和条約発効、一九六〇年、安保改定、一九七二年、沖縄返還などを節にしてヤマトにおける基地は縮小されてきた。しかし、沖縄だけは逆に基地機能が強化されてきた。その基地が新ガイドラインによって日本全土にわたり民間空港、港湾や施設などが軍事基地にくみこまれようとしている。

日本が岐路に立っているというのはこのことを指している。われわれはこのような重大な局面に立たされている。しかし、そのように認識していないものも少なくない。これは危機である。いや、危機を危機と感じていない状態は歴史的な危機である。

しかし、歴史というものは後になって、あの時が歴史的な大きな岐路になったと位置づけることはできても、そこに現存している人間自身が、歴史的な重大な岐路に立たされていると認識することは難しいことかも知れない。けれども人類は過去におこした過ちに学びながら、次の世代にむけて人権尊重、平和の創造を求めてきた。それが歴史から学ぶということである。

現在の危機は現在に生きるものたちの歴史的認識の欠如がその大きな要因になっている。ワイツゼッカー元西独大統領は一九八五年五月八日、ドイツの敗戦四十周年にあたってドイツ連邦議会で行なった演説で「過去に目を閉ざすものは結局のところ現在にも目を閉ざすことになります。非人間的な行為を心に刻もうとしないものは、またそうした危険に陥りやすいのです」と述べている。もって銘すべきである。

子どもや青年と平和教育をすすめていくと、その当時（戦争に突入しようとした時代）の大人たちはなぜ戦争に反対しなかったのかという質問によく出会う。教師たちにとってはこの解答は難しい。その当時一人ひとりが戦争に反対しようにも反対できない、むしろ戦争に協力していった（させられた）仕組みというか体制にふれなければならない。そのためにはその体制を分析し、それが一つずつ作り出されていく過程を明らかにする作業は避けることができない。それが十分になされなければ子どもたちに、戦争に反対することがいかに困難であったかを理解させることは難しい。これが平和教育としての歴史教育である。しかし、それを実践していくには教育環境は極めて厳しく、大きな制約を受けている。

私は岐路に立つ日本といってきたが、それは戦争に反対できない仕組みにわれわれ自身が現在、追いこまれようとしているという意味も含んでいる。とすれば後世の子どもたちから現在のわれわれが、その時なぜ戦争への道に反対しなかったのかと批判されるような愚は再びおかしてはならない。

近現代史教育はどうなっているか

では学校教育において平和教育としての歴史教育、なかんずく近現代史はどのように扱われているのであろうか。

ここに現在（一九九八年度）使用されている中学校社会科歴史的分野の教科書（大阪書籍）がある。総頁数三〇八頁、その中に近現代は一二〇頁となっている。中学校社会科教科書は他に公民的分野と地理的分野の二冊があるが、仮に一年間に一冊ずつ使用されるとして、歴史的分野の近現代史のところは一学年の三分の一強の時間しか扱われないことになる。小学校は六年生に近現代史はでてくるが、取り扱われる分量（時間）は中学とさして変わらない。そして共通していえることは、いずれも近現代史は学年末に配列されている。学年末ともなれば授業の残り時間数が少なくなって、さっと通り過ぎるだけという授業になりかねない。

高校は大学入試において日本史は選択教科になっている。しかも出題範囲は古代から明治維新まで、よくて明治中期ぐらいまでというのが一般的である。このことは問題として早くから指摘されてきたが、改善されたとは聞いていない。したがって高校においての近現代史教育は殆ど実をあげていないのではないか。

次に教科書の内容である。文部省は長年にわたって教科書検定により、侵略戦争の実態や沖縄戦の実相について歪曲《わいきょく》したり隠ぺいしたりしてきた。そんな時代に多くの児童・生徒が育ち現在、主権者の一部を構成している。

最近の教科書は以前とくらべるといくらか良くなっている。それは、教科書検定が「侵略」を「進出」と書き換えさせたことで一九八二年、中国をはじめアジア諸国から日本政府に対し強い抗議があったり、家永教科書裁判などが大きく影響しているものと思われる。現在使用されている教科書には歴史的な事象についてほとんどが羅列的・断片的にではあるが記載されている。しかし、これをきちんと教えるためには授業時数が足りない。加えて教師にはそれに答え得るだけの授業準備をする時間も与えられていない。いきおい社会科は暗記科目となり、生徒の興味は薄れていく。

平和教育としての歴史教育をすすめる環境・条件は極めて悪い。そのことはすでに述べてきた。それなら環境・条件の改善をはからねばならない。まず近現代史の授業時数を増すこと。現在の歴史教育に費やす総時数の三分の二とまではいわないにしても、半分ぐらいにまでは増す必要がある。教育現場から積極的な要求が出されることを期待しているが、日教組あたりからも未だに組織的に要求が出されていない。次に近現代史の配列の問題もある。結論から言うと学年はじめの四月から「近現代」に入ると良い。何も古代から年代順に教えなければならないということもあるまい。

教育内容の充実については、教師の力量に負うところが大きいので、他に頼らず教師たち自身が積極的にグループ研究などをすすめる必要がある。

タテマエと現状の矛盾・対立

平和教育・平和学習にとりくむと、日本のタテマエと現状が矛盾し、むしろ対立している実態があまりにも多いことに気がつく。それらはきちんと整理しておかねばなるまい。そのいくつかについて述べたい。

憲法で戦力は保持しないとなっているが、日本は軍事大国

憲法九条は国際平和を希求し、永久に戦争を放棄することをうたっている。この平和主義について詳しくふれる教師は多い。しかし、日本は今や軍事大国となり、戦力を保持するどころか外国を武力で威嚇するところまできている。憲法の理念はもはや存在せず、第九条も全く空文化している。平和憲法を考える時この現実にまで必ずふみこまなければならない。憲法の条文自体はただ紙に書かれたものであって、憲法理念にもとづく実態をいかにつくり出すかが憲法を生かすことである。そのために何をなすべきかを考えていくことが平和教育にとっては非常に重要なことである。

憲法第九条が実態として存在したのは、施行後わずか三年と三カ月程である。中学校社会科の教科書（先出）には次の記述がある。

「アメリカは、アメリカ軍が朝鮮へ出動したあとの日本国内の治安を維持するためという理由で、日本政府に警察予備隊をつくらせました。これが、のちに自衛隊となり、今日では二十数万人の自衛隊をもつまでになりました」。また警察予備隊の写真説明には「朝鮮戦争が起こった直後、七万五千人の警察予備隊が設立され、アメリカ軍人が訓練にあたりました」とある。

これなどは自衛隊と憲法との関係にこそふれていないが、自衛隊 ―― 日本の再軍備とその性格を知る上で非常に参考になる。現在ではこのことについて大人もあまり知っていない。まして、若い人びとの間には「生まれた時にはすでに自衛隊はあったし、憲法に違反する自衛隊が存在するはずはないし、自衛隊が存在することに抵抗も感じない。自衛隊が嫌いなら行かなければよい」といった感覚がある。保守勢力や右翼は「押しつけられた憲法」とはよく言うが「押しつけられた自衛隊」とは全く言わない。御都合主義も甚だしい。

憲法で平和主義をかかげてはいるが、国際関係においては対立と差別をつくり出す国

平和主義の理念に反して日本がサンフランシスコ講和条約と日米安保条約を締結したことは、その後の日本の進路に大きな影響を与えた。さらにこの両条約が発効する一九五二年四月二十八日、台北において日華平和条約が調印されるに及んで、この両条約体制に一段と拍車をかけるものとなった。そもそも日清戦争以降半世紀にわたって中国を圧迫し、さらに侵略を加えてきた日本が、中国を抜きにしての講和条約などあり得ることではない。加えてこともあろうに

内戦に破れて台湾に逃れた蒋介石と日華平和条約を結び、これで対中国との関係はすみとする日本の権力者たちは一体何を考えていたのであろうか。以降、社会主義圏の国々との対立を深め、とくに新興の中華人民共和国（中国）とは国交断絶のまま仮想敵国視するという状態が四分の一世紀も続いた。

一九七二年に至ってアメリカが突如として米中国交回復をはかるや、日本もあわててその年の九月、田中角栄首相が訪中し周恩来首相との間に共同声明を発表し国交の回復をはかった。この時、周恩来は「戦争賠償問題については、中国は日本の中国侵略戦争の被害者であり、日本に賠償を要求する完全な権利を有する。しかし、中国人民は賠償の苦しみを深く味わったことから、日本人民が同じ苦しみにあうことを希望しない。……我々は両国人民の友好関係から出発して、日本人民の負担を増加させないために賠償請求を放棄する……」（『戦後中日関係史』林代昭、柏書房）とした。この考え方には中国内部で多くの反対があった。しかし、周恩来は将来を見通し、日本人民と真の友好関係を樹立するためにあえてそれらの意見を押さえて、賠償請求を放棄したという。

中国政府は国家賠償請求の放棄だけでなく、中国人民個々人が日本に対して賠償請求をすることさえも押さえた。九〇年代になってようやくそのことを中国政府が認めるところとなり、一九九五年から日本の政府や企業に対して従軍慰安婦、南京虐殺、七三一部隊、強制連行、強制労働などの賠償請求訴訟が本人や遺族から出されるようになった。

これに対して、政府をはじめ日本側の対応はあまりにも冷淡であり無関心である。そればかりか、南京虐殺や慰安婦問題などの存在すら否定し、侵略戦争を肯定しようとする動きが今までにもまして台頭してきている。

韓国・朝鮮問題についてもふれなければならないが紙数の関係もあって簡潔に述べる。

韓国・朝鮮に対する日本の侵略は近代においては中国よりも早く一八七五年の江華島事件にはじまる。それから敗戦まで七十年間、筆舌につくせぬ苦しみを両国人民に与えてきた。敗戦以降も日本は、その償いはしないまま（政府は日韓条約によって補償済みとしている）新たな差別と両国に対する分断政策がとられてきた。また、日本国内において人権尊重を唱える日本国憲法も「在日」の人たちには及ばないらしい。税金だけは日本人と同様に徴収はしているが。

日本は外に向かって国際親善、国際貢献などと言っているが、朝鮮に対しては正式な国交すら開いていない。最近はやたらと「朝鮮危機」などとあおり立て、日米安保体制の強化に利用している。そんな状況の中で今までにもまして朝鮮蔑視・朝鮮敵視の考え（思想）が醸成されている。

そこで次のように指摘したい。中国、朝鮮（韓国）に対する日本の戦争・侵略責任の償いを解決することは、アジア諸国にも波及するであろうし、真の国際親善、国際連帯をすすめるための基本に位置づくと考える。したがって平和教育においても中国・朝鮮に関する問題が重点的に取り上げられねばならない。

世界唯一の被爆国であるが、核兵器の使用を容認している国

平和教育が八月六日、九日の原爆投下を起点にして発展・拡充されてきたことは論をまたない。そして、われわれはそのヒバクの実態を語りつぐとともに世界に向かってその誤ちをくりかえさないことも強く訴えてきた。これは世界唯一のヒバク国の人類としての使命でもある。だがしかし、その世界唯一のヒバク国の政府は核兵器使用を容認している。このことは平和教育の中できちんと伝えられなければならないが、ほとんどそれはなされていない。また、教師にその認識は薄い。原爆に関する平和授業は一九四五年時点で停止しているのかと指摘したくなる時もある。

日本政府は一九六一年、国連において核兵器使用禁止宣言の決議には賛成したが、以降、一九九〇年代はじめまで、何度か提出されたその種の決議についてアメリカの機嫌を伺って、反対もしくは棄権という態度をとってきた。一九九四年、国際司法裁判所（ＩＣＪ）が「核兵器使用の国際法上の違法性」について日本を含む関係国に陳述書の提出を求めた。これに対して日本政府（外務省）は当初「核兵器の使用は実定国際法上必ずしも違法とは言えない」という文言を含んだ意見書を準備していた。これが国会で論議を呼ぶところとなり、この部分について外務省は取り消したが基本姿勢はかわらず「……国際法の思想的基盤にある人道主義の精神に合致しないものである……」といったあいまいな表現でごまかしている。

一九八九年、インド、パキスタンがそれぞれ核実験をした。日本の各界各層からは批判と抗

議が続出した。これに応えて駐日インド大使は長崎市長宛のメッセージ（前出）の中で「どこかの国ように二国間または多国間で軍事同盟を結び、核の傘の中で平和と安全が守られている国と（インド）はちがう」といった主旨を述べている。これは外交文書であるから婉曲に表現しているが、どこかの国とは日本であり、核兵器を容認している国として批判していることは明らかである。世界の唯一のヒバク国である日本は核兵器の使用や核実験には絶対反対であり、国際的にも核廃絶にむけて「日本が先頭に立っている」と思いこんでいる日本人も少なくない。しかし、国際的には全くそのようには評価されていない。

新日米防衛のための協力指針の第Ⅲ章には「日本は〝防衛計画の大綱〟にのっとり……防衛力を保持する。米国は……核抑止力を保持するとともに……前方展開兵力を維持し……」とある。日本はタテマエで非核三原則と言いながら核抑止力――核の傘――核兵器を認めている。安保体制からの離脱はその核の傘からの離脱につながる。

われわれはヒバク以降の半世紀、核問題をグローバルな視野からどのように認識し、核廃絶へむけての努力をしてきたのか。あまりにも「知らないこと」が多すぎるのではないか。そのことが今厳しく問われている。平和教育がマンネリ化していると言われるが、「知らないこと」がその要因にもなっている。

非戦争体験者との共通認識をさぐる

冒頭に岐路に立つ日本と記したが、ここまでくるのには五十年の歳月を要している。支配権力は憲法というタテマエと現実対応というホンネを巧みに使いわけて、軍事大国をつくり上げてきた。新ガイドライン関連法案による自衛隊の海外派兵の次には、日の丸・君が代の国旗・国歌法制化、国家有事の法制化（有事立法）、そして憲法改正が控えている。その日程も見えている。彼らにとっては総仕上げの段階に入ったのではないだろうか。

前章までに述べてきたことはこの段階に至るまでの主な経過と問題点であり、現在における平和教育の課題であると考えてもよい。安保・自衛隊、中国・朝鮮をはじめとする戦争責任の問題、核問題、これらは複雑にからみあって一つの方向にすすみ現在をつくりあげてきた。例えば、戦争責任をあいまいにすることが軍事強化につながるし、安保体制は核の傘と重なる。したがって、複雑にからみあっているといったが、それは構造的に仕組まれてきたともいえる。

われわれは事態がここに至るまで何をしてきたのであろうか。それにしてもこの五十年（現代史というのかどうかは知らないが）を余りにも知らなすぎる。といってもそれ以前についても平和教育としての歴史認識は不十分である。それだけに平和教育・歴史教育の徹底を叫びたい。しかし先に述べたように学校現場の環境・条件は厳しい。学校教育だけでなく社会全体？

がそちらの方向に動いている。

昨年（一九九八年）十一月、航空自衛隊築城基地で一日の航空ショーが催された。集まった観衆は十万人をはるかに越えた。築城は福岡県にある片田舎といってもよい小さな町である。当日は臨時バスが出る、ＪＲ日豊線の特急が臨時停車する、駅に臨時出改札所が設けられ、人があふれた。そこには老若男女を問わず集まってきたが、非常に気になる風景を見かけた。

当日は晴天、ほとんど風もなく日和日であった。若い夫婦、父ちゃんは子どもを肩車にのせ、飛行機に乗せ、母ちゃんはそれを写真に撮る。基地の中の草原で昼べんとうを親子そろって楽しそうに食べる。一家団欒、まさにうらやましい限りであるが、ちょっと待てよ、この子が大きくなった時、この体験がこの子の中でどのようにふくらんでいくのかと考えると暗澹《あんたん》たる気持ちになる。

このようなケースは各地に存在している。とすれば、学校教育に限らず、年代を問わず完全非戦争体験者（子どもや青年はもちろん）と現在の矛盾やおかしさについての共通認識をもつことからはじめなければならない。日米合同訓練、米軍艦の寄港、低空飛行訓練、沖縄軍事基地、「在日」朝鮮・韓国人の差別問題、自由主義史観等々おかしさは巷にうず巻いている。おかしさに共通認識がもてる部分から入って、時代的背景にさか上ったり、その本質を追及していくといった手法もある。このような実践はすでに各地ではじまっている。そのためには教師はもちろん、地域や職場やサークルなどで学習会を組織していく人たちの鋭い感覚と深められた知識、さらには地道な努力が要求されることは言うまでもない。
　このままでは二十一世紀はもっとひどい時代になってしまう。現代の平和教育は、完全戦争非体験者といっしょになって、平和ボケ・安保ボケ・核ボケから脱出し、戦争への道を歩ませない主権者に育て上げていくところに意義を見出したい。

（「平和教育」会報五十号「現代日本における平和教育の課題」九州・沖縄平和教育研究所、一九九九年四月一日）

二十一世紀に語り継がねばならないもの

二十一世紀を前に

「二十世紀で起こったことは二十世紀で片づけておかねばならない」と閣僚の誰かが語っていました。この言葉の真意は二十一世紀へむけて「戦争ができる体制」を二十世紀中につくっておかねばならないということのようです。しかし、二十世紀中に本当に片づけておかねばならない問題は山積しています。その中でとくに戦争と平和の問題、なかんずく日本が片づけておかねばならない問題に沖縄米軍基地の解消、朝鮮・韓国・中国などに対する侵略についての「謝罪と賠償」があります。このことを抜きにして二十一世紀を語ることはできないし、ましてや二十世紀を過去のこととして歴史の彼方に押しやってしまうこともできません。

けれども日本の現状はこれらの問題を解決しようとする意識も希薄で、その目途も立っていません。とすれば二十世紀を生きてきた人間は積残された問題について二十一世紀へむけて正しく伝え、問題解決への努力をつづけていかねばならないと考えます。

遅れた帝国主義国家日本が何をしたのか

二十世紀をふりかえると、十九世紀中頃までに帝国主義列強によって分割された植民地支配が前半世期頃まで続きます。そして、第二次世界大戦を経て、その多くが解放されました。しかし、戦後まもなくはじまった米ソを頂点とする冷戦によって世界は二分され、異常な軍拡競争が展開されます。冷戦体制は一九八九年をもって崩壊していきますが、唯一の超大国となったアメリカを筆頭に「先進国」とやらの「発展途上国」に対する軍事や経済の支配が進行しています。もちろんかつての植民地は植民地ではなく「小国」といえども主権と独立を主張し、「大国」の思いのままにならないといった構図も出てきています。このような二十世紀の流れの中で日本は何をしてきたのか、おおまかにふりかえってみます。

日本は十九世紀後半、明治政府によって中央集権的統一国家となり、欧米に遅れて近代化、すなわち殖産興業、富国強兵につとめました。日清、日露の両戦役の勝利は、台湾・朝鮮を植民地とし、さらに中国への権益拡大をはかるという「膨張政策」となっていきました。日露戦争の勝利によって日本は念願の「脱亜入欧」を果たし、欧米の仲間入りをしますが、それは日本がアジア諸国に対して支配者側に立つことを意味していました。

一九一四年、植民地支配勢力圏の拡大をめぐって第一次世界大戦が勃発します。日本も参戦し、結果的には中国山東省のドイツ租借地青島《チンタオ》やドイツ領南洋群島の権益を引継ぎ日本の勢力圏を拡大しました。また、大戦中に中国に対して二十一カ条要求を提出し、強引にこれを認めさせました。

第一次大戦の終結は、ベルサイユ条約やワシントン会議によって処理されます。これをベルサイユ・ワシントン体制などといいますが、それは国際平和を標榜しているものの列強大国間の関係を中心にしたもので、被圧迫民族や植民地などの解放にとっては全く無縁のものでした。しかし、大戦中に起こったロシア革命や、アメリカ大統領ウイルソンの「民族自決」の提唱は、各地の革命運動や民族解放の運動を力づけました。それは、一九一九年、朝鮮全土に拡がった「三・一独立運動」、北京で起こった学生デモを中心とする中国民衆の「五・四抗日運動」をはじめ、インドやフィリピンの独立運動などをあげることができます。けれどもアジアの民衆が列強の軛《くびき》から解放されるまでには、それからさらに多くの年月を要しました。

一九三一年、日本軍は柳条湖事件をひきおこし、中国東北地方を占拠、十五年戦争がはじまりました。翌三十二年日本はカイライ国家「満州国」を建設しますが、国際連盟はこれを認めず、中国から日本軍の撤兵を要求。日本はこれを拒否し、国際連盟を脱退します。日本は一九三七年になると盧溝橋事件から中国全土へと戦線を拡大しました。一方中国側は第二次国共合作を成立させ徹底抗戦に出たため、日本軍は奥地にまで攻め込んだものの進むことも退くこともできない膠着状態に追込まれました。

ところで、日本の国際連盟からの脱退は、ワシントン体制からの離脱・破棄を意味しており、加盟国からの反撥も強く、アメリカは日本に中国からの撤退を強く求めてきました。しかし、日本はそれに応じることなく、一九四〇年、日本軍を北部仏印（ベトナム）に進駐させ、また、日独伊三国軍事同盟を結びます。これはファシズム対反ファシズム連合との対立を一層深め、太平洋戦争の開戦となりました。この戦争の要因について、アメリカをはじめとするＡＢＣＤラインの強い圧力の中で、止むに止まれぬ戦争であったとする人たちがいます。しかしそれは歴史の流れの中で考えれば誤りであることは明らかです。

日本はこの戦いを「大東亜戦争」と呼称し、アジアの諸民族を欧米の支配から解放する聖戦と唱えました。たしかに緒戦において日本軍は勝利し、アジア地域から欧米支配を駆逐しました。しかし、そのねらいとするところは日本本土で欠乏している資源や軍需物資を大量に調達することや、現地住民に戦争協力を強いることにありました。したがって日本のアジア占領は、それまでの欧米の支配勢力にとってかわっただけで、苛酷な要求や圧政をかれらより厳しくして、アジアの住民を苦しめました。それだけに現地において、日本軍に対する抵抗は強く、ゲリラや地下の抗日組織の活動が展開されていきました。

一九四五年八月六日、九日広島、長崎に原爆が投下され、人類にとってはじめての被爆となりました。原爆投下については「アメリカ将兵の二十万?の命を救い戦争の終結を早めた」とか、「日本軍の圧政からアジアの民衆を解放した」などの評価もありましたが、「日本にその時期原爆投下の必要性があったのか」といった批判もでています。ともあれ人類にとって二十世紀最悪のできごとですが、これを期に戦後の冷戦体制の中で核兵器の異常な拡大競争となりました。そして、人類は二十世紀においてこの核兵器を廃絶することができず、二十一世紀へその解決を持越すことになりました。

一九四五年八月十五日、日本の敗戦。この日からアジア各地では旧宗主国との間に植民地の解放、独立要求の運動が各地で展開されました。その運動の熾烈さや、解放までに要した年月に差異はあるもののほとんどが独立をかちとっていきました。しかし、戦後、急速に進行した冷戦体制は、多くの国々を両陣営の中に組み込み、両大国の影響を強く受けるところとなりました。冷戦体制が崩壊した現在、両陣営の対立こそなくなりましたが、超軍事大国となったアメリカの影響力は以前にも増して大きく存在しています。これをどのように排除していくかは二十一世紀へむけての大きな課題の一つです。

ところで日本は、戦後、サンフランシスコ講和条約・日米安保条約による両条約体制の中で戦争責任についてほとんど無視する態度をとってきました。アジア各国に対する賠償金は、わずか一兆円ほどしか支払っていません。その支払い方法もマルコスやスカルノといった民衆を弾圧する側の政治権力者に渡ったり、日本の資本が進出していくための基盤づくりに使われたりしてきました。六十年代後半の高度経済成長期にはその基盤に乗って日本の資本（企業）はアジア諸国に経済進出していきました。そしてその見返りにチーク材など資源を得るために、現地の乱開発を進め環境破壊をひきおこしてきました。また、低賃金労働を見込んで資本を投下し現地生産体制をつくったりしてきました。

現在、南北問題、先進国（もてる国）の発展途上国に対する富の収奪、経済支配が問題とされていますが、わが国のこの半世紀の経済進出についてもあわせて考えていかねばなりません。

課題としての沖縄と朝鮮・韓国問題

冒頭に二十世紀中に解決しなければならない問題として沖縄基地の解消、朝鮮・韓国に対する「謝罪と賠償」の問題があることを指摘しました。以下そのことについて若干の課題を提起します。

沖縄問題は少なくとも二十世紀の前史ともいうべき「琉球処分」からとりあげねばならないでしょう。現在使用されている中学校教科書社会科歴史分野では次のようになっています。

琉球から沖縄へ　琉球は、江戸時代に　摩藩の支配を受けながら、清にも属する形をとっていました。琉球の領有を主張していた政府は、琉球の人々が台湾で殺された事件が起こると、一八七四年に台湾へ出兵し清から賠償金を取りました。政府は、これによって日本の琉球領有が認められたものとし、軍隊の力で琉球の人々の反対をおさえ、一八七九年、琉球を沖縄県としました。しかし、政府が古い習慣を残す政策をとったため、沖縄の人々が期待していた税制などの改革は遅れました。（大阪書籍）

小学校教科書は来年度（二〇〇〇年）から新しく改訂されたものになりますが、その中の社会科をみますと次のように記載されています。

消えた琉球王国　四百年の歴史をもつ琉球王国の人々は、独立国でありたいと願っていました。しかし琉球は、一八七九年に政府が送った軍隊と警察の力で沖縄県とされ、日本に統合されました。　摩藩の支配がなくなってからも、重い税は変わらず、徴兵も実施されました。また、政府がおこなう制度の改革も、他府県に比べておくれていました。（大阪書籍）

ここに引用した大阪書籍以外の文部省検定教科書も大同小異の内容で琉球処分にふれています。ずっと以前の学校教育では考えられなかったことですが、果たして現在の大人たちはどの程度このことを認識しているでしょうか。

この琉球処分を一つの起点にして沖縄問題を歴史的に追っていくと、

一、琉球処分――武力によるヤマトへの統合
二、沖縄戦――日本本土防衛のための捨石作戦
三、サンフランシスコ講和条約と日米安保条約の発効――沖縄をアメリカの統治支配に分割しての日本の独立回復
四、沖縄復帰後（施政権の返還）――基地つき、核つき、自衛隊つきの復帰、米軍基地機能の沖縄への集中
五、日米安保の再定義、新日米防衛協力指針――沖縄基地の強化と恒久化

となりますが、この中でヤマトは一貫して沖縄に犠牲を強いてきました。その認識の欠落が、ヤマトの有権者が沖縄米軍基地を許容する態度となっています。したがって、上記項目を平和教育の課題としてあらためて提起します。

次に朝鮮・韓国問題です。「朝鮮の植民地時代に日本は悪いことばかりでなく良いこともした」などの暴言をはいて大臣をやめさせられたものもいますが、これは氷山の一角で、このような意識の人はかなりいると思われます。朝鮮人蔑視の考え方は根強く、それに「核疑惑」や「テポドン・ミサイル」だの、「不審船」などといった政府の宣伝によって、朝鮮敵視観が増幅されていきました。政府はこの「危機感」をあおることによって、ＴＭＤ（戦域ミサイル防衛）体制をすすめるとともに、新日米防衛協力指針関連法などの戦争法案を一挙に国会で成立

させました。

現在、世界は二百に近い国が存在しますが、この中で日本の国交が断絶状態にあるのは近くて遠い国になっている朝鮮民主主義人民共和国の一国だけです。「日朝両国間の国交樹立の実現と懸案の諸問題を解決するための政府間交渉」は三回の予備会談を経て、一九九一年十一月から翌年十一月までに八回の交渉がもたれましたが合意に至らず、交渉は打切りとなっています。この交渉で主議題となるのは日本の植民地支配をめぐっての問題であることは当然だと考えられますが、日本側は大韓航空機爆破犯人・金賢姫の日本語教師「李恩恵」問題（日朝交渉の本題とは関係ないと思われる）を持出したりして、交渉をいたずらに引延ばし決裂に持ちこんでいます。少なくとも私にはそう思えてなりません。

最近、村山訪朝団などによって両国間交渉の機運が出てきています。朝鮮側は日本に対して「謝罪と賠償」要求を基本においていますが、日本側はまたもや「日本人拉致疑惑」などを持出しています。「拉致疑惑」はかりに不可解な点があるにしても、国交樹立のための基本論議のテーマではありません。まず基本論議をすすめ国交を樹立することが最優先されなければなりません。その後に「拉致疑惑」があれば相互の信頼関係に立って解決すればよいことです。私は今回もまた日本政府は交渉を引延ばすのではないかと危惧します。それは「北朝鮮」をいつまでも仮想敵国にしておくことが日米安保体制の維持に役立つからです。これを逆説的に言えば日朝国交樹立こそが二十一世紀へむけた平和の道につながるということになります。

朝鮮・韓国問題について課題を項目的にあげます。

一、砲艦外交による江華島条約（日朝修好条規）の締結——日本の朝鮮侵略のはじまり
二、日清・日露戦争——朝鮮の権益あらそい、閔妃殺害
三、第一次日韓協約——第三次日韓協約——実質的な植民地支配のはじまり
四、韓国併合条約——「日帝三十六年」の植民地支配
五、「三・一独立万歳運動」や抗日闘争
六、植民地支配の実態
七、二十世紀後半における朝鮮民主主義人民共和国、大韓民国、在日朝鮮・韓国人等々に対する日本側の対応

この中でとくに七項については、強制連行、従軍慰安婦などの謝罪とその償い、朝鮮民族学校の弾圧や差別的取扱いなど問題が山積しているにもかかわらず、その多くが放置されてきました。それだけに、問題解明へむけての集中的な取り組みが求められます。朝鮮民主主義人民共和国政府声明（一九九九年八月十日）の中でこの時期を含めて「百年間にわたる日本の対朝鮮政策は一言で言って、朝鮮民族を抹殺し、分裂離間させ、排他反目する政策で一貫した朝鮮民族圧殺政策だった」としています。もって銘すべきです。

さいごに中国問題にふれます。日本はかつて中国に半世紀以上にわたって武力による侵略をつづけてきました。大戦終結後日本は中国に対してまず講和条約を結び、「謝罪と賠償」を行なわなければならないことは当然のことと考えられます。しかし歴史はそのようにはなっていません。サンフランシスコ条約には中国は参画しておらず、この条約が発効した一九五二年四月二十八日に亡命政府である台湾の中華民国と日本は講和条約を結びました。この条約締結は一九四九年に発足した中華人民共和国に対して敵視政策をとることになりました。一九七二年に至ってようやく日中共同声明により国交回復、一九七八年に日中平和友好条約の調印となりました。

この時、中国は日本に対する「賠償請求」を放棄しています。この「賠償請求」の放棄とあわせて中国政府は中国人民の被害者である個々の賠償請求も抑えてきました。しかし、九〇年代になって人民代表者会議で論議が行なわれ、これを認めることになりました。したがって一九九五年ころから、被害者個々人の日本政府に対する損害賠償の訴訟がはじまりました。この訴訟は日本政府にとっても、また日本人にとっても、戦争責任に対する非常に重たい裁判であるはずです。しかし、政府は冷淡であり、日本人の多くはほとんど関心すら示していません。

一九九九年九月二十二日、東京地裁は南京虐殺事件、七三一部隊事件などについての判決を出しました。この判決の内容は南京事件や七三一部隊の存在については認めたものの、個人の請求権を認めることは「戦争状態が終結したにもかかわらず、その後も紛争の火種を残し、再度の戦争状態を招来し、人道的権利侵害を頻発させる危険性を有するものである（要旨）」として賠償請求を却下しています。私はこの理不尽な判決に心からの憤りを感じます。

現在、強制連行、強制労働、南京事件等の被害者の賠償請求は東京、長野、広島、京都、新潟、札幌などの地裁に提訴されています。近く、福岡その他にも出されることになっています。私たちはこの訴訟を自分自身に課せられたものとして支援することは勿論、これを期に中国問題についての学習を深めたいと思います。

中国問題について項目を上げると、

一、日清、日露戦争
二、北清事変（義和団事件）
三、第一次世界大戦と二十一カ条要求
四、五・四抗日運動
五、十五年戦争の実態
六、サンフランシスコ条約体制
七、二十世紀後半の日中関係

以上、現時点に立って沖縄、朝鮮、中国について課題を述べてきましたが、そのどれもが二十世紀後半の検討がとくに重要になっているのではないかと考えます。各地における研究会や学習会の開催と子どもの発達段階に応じた平和教育の展開を期待する次第です。

衣を換えた皇国史観の登場

最近（一九九九年十一月頃）、福岡県内の中学校社会科担当教師や一部校長宛に『国民の歴史』という本が「子どもの未来を考える会」の某氏（福岡市）から「謹呈」で各学校に送られてきました。この本は西尾幹二著、新しい歴史教科書をつくる会編、産経新聞発行となっています。七七三頁（普通の本の約二倍）という分厚いものです。東京神田の本屋街では特価一八〇〇円と大書して店頭に積まれていました。こんな分厚い良質の用紙で立派な装丁の本が一八〇〇円とは驚きですが、各学校の教師に大量に送りつけるための費用はどうなっているのか、どこからその費用は出ているのかと本の内容以前に疑問をもちます。

本の内容については本稿がそれを論評することを目的としていませんので詳述を差控えますが、一口に言っていわゆる「自由主義史観」とかいうもので、日本の歴史、民族を謳歌しています。戦争についてはやたらと国際関係をもちだし日本の立場を正当化することに努めています。また、中国問題については「……中国（清）が自国の領土保全もままならない官僚的老廃国で、朝鮮はその属国にすぎなかった」「……明治日本は自衛のためにも朝鮮を清からの独立と近代化を願い、事実そのために手を貸したが、朝鮮半島の人々はいつまでたっても目が覚めない。自国さえ維持できない清に、朝鮮半島を牛耳ったままにさせ、放置しておけば、半島はロシアのものになるか、欧米諸国の草刈り場になるだけであったろう。……日本は黙って座視すべきだったろうか。近代日本の選んだ道以外のどんな可能性が他にあったであろう。……」といった言葉で日本の膨張政策をごまかしていきます。そして日本の戦争被害にはふれても、他国に対する侵略や植民地支配の実態については皆無といってよいほどふれていません。「国民の歴史」と題していますが、史実をきちんと述べてその中から考察していくという真摯な態度でなく、著者の論理（理屈）が先にあって他者の論理を都合よく引用したり、組合せたりしています。なお、他者の引用については多くの人があまり知らないような他国の学者のカタカナ名が目立ちます。勿論日本の学者や有名人もでています。

このようなたんなる読物といった内容の本が大量に配られ、これが日本の歴史として横行していくとすれば戦慄を覚えます。『国民の歴史』は過去の日本の負の遺産を消去し、誤った日本人観を植えつけようとするもので、日の丸・君が代法制化などと深く連動しています。

この本と関わって過去を思い出し、本棚から一冊を取出しました。『少年日本史』です。著者は平泉澄、発行所は時事通信社、奥付を見ると初版が昭和四十五年十一月一日（一九七〇年）で、私が持っているのは五刷で、それまでの発行部数は七万部となっています。この本は一九七一年頃、全国の小・中学校、または中学校だけであったかは記憶がはっきりしませんが、全国的に配布されたものです。著者の平泉澄はその時七十六歳と記していますが、元東京帝国大学の教授（一九四五年退官）で皇国史観の直系の学者です。花岡事件（中国人強制連行）で知られる鹿島建設の創業者と縁戚になるそうです。それはともかくとして、総頁数七二九頁、表紙には美しい騎馬武者の絵があり、装丁もしっかりしたものです。

この時期は一九六七年から「建国記念の日」が設置され、翌年には明治百年記念行事、そして小学校学習指導要領の改訂、神話の登場と続いています。

この本の学校配布はこれらの動きとタイアップしたものと思われます。この本の「はしがき」には「……皆さんは日本人だ。皆さんを生んだものは、日本の歴史だ。その顔、その心、その言葉、それは皆幾百年前からの先祖より受けついだものだ。それを正しく受けついだ者が、正しい日本人だ。従って、正しい日本人となる為には、日本歴史の真実を知り、之を受けつがねばならぬ。然るに、不幸にして、戦敗れた後の我が国は、占領軍の干渉の為に正しい歴史を教える事が許されなかった。占領は足掛け八年にして解除せられた。然し歴史の学問は、占領下に大きく曲げられたままに今日に至っている。……」（原文は旧漢字）として少年にこの書物を読むことをすすめています。

これだけでこの本の内容も推測できるのではないかと思いますが、国家建設、神武天皇、皇紀、神代、日本武尊、神功皇后と表題が並び、後醍醐天皇、楠正成の題名も見られます。そして、信長、秀吉、家康、本居宣長、吉田松陰、明治天皇といった人物を串刺しにした歴史が展開され大東亜戦争で終わっています。

『少年日本史』と『国民の歴史』を精読し、熟考する時間などありませんし、またそんな気持もありませんが、本の大きさや内容からしても何か共通性を感じます。それ以上に「学校配布」という背景について改めてその問題の重要性を考えさせられます。

(「平和教育」会報六十一号、「20世紀から21世紀に語り継がねばならないもの」九州・沖縄平和教育研究所、二〇〇〇年一月一日)

「自由主義史観」とやらの教科書攻撃

「自由主義史観」の登場

最近「自由主義史観」とやら称して、日本の近現代における膨張政策、すなわち戦争や植民地支配を正当化し、謳歌しようとする動きが強まっている。はじめは「近現代史の授業改革」を教育現場に提起し、教育実践論として姿を現わしてきたが、その後一部のマスコミなどと呼応し、「新しい歴史教科書をつくる会」などが教科書から「従軍慰安婦」の記載を削除せよという政治的な動きにまで発展している。こともあろうに県市町村段階において、それを決議する議会も出てくる始末である。これらの動きは第三次教科書攻撃ともいわれるが、その背景には自民党をはじめウルトラ保守勢力が存在していることは論をまたない。

本稿では第一次・第二次の教科書攻撃の経緯をふりかえりながら、今次攻撃の問題点の分析を行ないたい。

第一次教科書攻撃

第二次大戦終結以降の日本の教育は憲法・教育基本法にその原点をおいてきた。それは現在においても変りはない。しかし、現実はそれがゆがめられ形骸化させられている。すなわち、日本の政府や保守勢力は教育の起点を、サンフランシスコ講和条約・日米安保条約におき、以後一貫して両条約体制強化のための文教政策をとりつづけてきた。それは人権よりも国家を重視し、軍備の拡大、憲法改正（悪）を意図してきたもので、現憲法の平和主義・人権尊重に反するものであることは言うまでもない。

一九五二年四月、両条約が発効すると、政府は、九月に中央教育審議会（中教審）を発足させ、憲法・教育基本法理念を指向した戦後教育の手直しに着手する。いわゆる反動文教政策と言われるもので多岐にわたるが、ここではできるだけ教科書問題に焦点をあてていきたい。

まず第一次教科書攻撃の口火を切ったのは当時の民主党である。民主党は、一九五五年二月の総選挙にさいして選挙綱領で「国定教科書の統一」を公約、七月の通常国会で「検定教科書の偏向」を追及、八月にはパンフレット「うれうべき教科書問題」を発行するなどして、教科書攻撃を展開した。これはこの年秋、保守合同により成立した自由民主党（自民党）へと引継がれていく。

自民党がはじめて手掛けた反動文教政策の大仕事は教育三法（教科書法案・新教育委員会法案・臨時教育制度審議会法案）であった。これらの法案は、国会においてはもちろん、多くの民衆や各県・各層からの強い反対を受けた。その中で自民党が、公選制教育委員会制度を任命制とし、教育行政と学校管理の中央集権化をはかろうとする新教育委員会法、すなわち「教育行政の組織及び運営に関する法律案」（地教行法）一本にしぼって国会に警官隊を導入し強行成立させたことは周知のことである。

この時の教科書法案は、検定の強化と、一定の地域内における採択教科書の種類を少くし、さらに検定教科書の発行種類も減少させるなど、究極においては実質的な国定化をねらいとしていた。法案は審議未了廃案となったものの、その意図は文部省の行政措置により強権発動されていった。すなわち、平和主義にもとづき編集された多くの教科書が、検定の段階で修正させられたり、また不合格処分に付されたりした。

教科書検定の内容は学習指導要領の改訂や時の政治状況とも深いつながりをもっている。この点は教科書問題を検討していく際に欠かしてはならない視点の一つである。

この期においては五八年の学習指導要領の「法的拘束性」の問題がある。そして一九六六年の国民の祝日に関する法律の一部改正による一九六七年からの「建国記念の日――紀元節」の復活、一九六八年の小学校学習指導要領改訂による人物（支配権力者）本位の史観や神話・伝承の導入などをあげることができる。

さらに、教科書の国家統制の有力な手法となっている「教科書の無償措置」についても指摘しておかねばならない。もちろん無償措置は憲法・教育基本法にもとづく子どもの学習権保障の当然の権利であることは当然である。しかし、それが教科書統制に巧みに利用されてきた。「ただほど高いものはない」と言われる所以《ゆえん》である。

無償措置法は一九六二年に成立した「義務教育諸学校の教科用図書の無償措置に関する法律」に根拠をおくが、この法律は無償措置とひきかえに、教科書出版業者に対しての指定制や、さらには採択の権限が教育委員会、またはいくつかの教委をまとめた単位の採択区に移すなどの制度を導入している。わかり易く言えば、現場教師の教科書に対する意見を広域採択区によって可能な限り封じこめるとともに、教科書出版業者の寡占化をはかるというもので、一歩も二歩も国定化に近づくものであった。この無償措置法は「無償」とはいえ先に述べた一九五六年、審議未了廃案となった「教科書法案」に盛りこまれていた教科書規制の手法が多くとり入れられている。

第一次教科書攻撃の期間をどこまでと限定することは難しいが、教科書の国家統制は年を追うごとに強化され、それがゆるむのは七〇年代の家永教科書裁判の判決を待たねばならなかった。家永教科書裁判とは、家永三郎教授執筆の高校社会科教科書が文部省の検定不合格になったことを不当として同教授が提訴した裁判である。

杉本判決と教科書攻撃

一九七〇年、東京地裁は、教育権は国民にあるとして、教科書検定を違憲・違法とし、家永側全面勝訴とする杉本判決を出した。また、一九七五年、東京高裁は、検定は気ままな行政として家永側一部勝訴の畔上判決を出した。この両判決によって文部省の教科書検定は一時期後退する。そして、七〇年代半ば頃からは、南京虐殺や戦争の実態が少しずつ教科書にも登場しはじめる。しかし一方では、一九七七年、小・中学校指導要領改訂の中で、君が代を国歌と位置づけるなど国家主義的な教育内容が一段と盛り込まれていく。また、それと前後して、一九七六年の天皇即位五十年記念行事や、一九七九年の元号法制化などが実施されていく。

第二次教科書攻撃が激化するのは八〇年後半となるが、その前ぶれは一九七九年秋からはじまる。それは先に述べた「うれうべき教科書の問題」を執筆した石井一朝が再登場し、新「うれうべき教科書の問題」の発表であった。その中でかれは、それ（うれるべき教科書事件）から二十年、文部省は大いに検定をきびしくしたはずなのに事態はふり出しにもどった感じ、その原因は日教組・共産党などと結んだ教科書執筆者の党派的努力にあるとして、家永裁判や八〇年度から使用の小学校教科書の批判を展開した。

自民党は一九八〇年一月から機関誌「自由新報」で「いま教科書は──教育正常化への提言

――」を連載し、それをすぐパンフレットにして教科書攻撃を展開。また、秋には、自民党調査局政治資料研究会議が「憂うべき教科書の問題」を発行。その中では、「共産党がせっせと教科書を作り、これを社会党が、つまり日教組が注文をとって売り歩き、自民党と政府が金を払っている」としてその印税の相当額が共産党の同調勢力に入っているので「共産党と日教組を征伐するのには、百パーセント確実な検定をやればよい。どんどん不合格にすればよい」などと暴論を展開している。

自民、民社党、財界、国際勝共連合につながるといわれる教科書問題研究会（筑波大学の福田信之学長を代表に田中正美教育部長、森本真章講師など十三人で構成）は、「昭和五十六年度より中学三年生が使用する社会科教科書『公民的分野』の内容分析」をまとめて、一九八〇年秋に発表した。

以上のような教科書攻撃のキャンペーンのもとに、自民党や民社党は国会の中で、中学の新教科書は、権利ばかり主張して義務にはふれていないとか、公害・福祉・労働問題、商社活動などの記述が偏向しているとして文部省を追及した。また、テレビなどのマスコミにもしばしば登場して、教科書の偏向を訴えた。しかし、それらの意見こそが偏向であり、矛盾に満ちた間違いだらけのものであった。

文部省はこれらの教科書攻撃を背景に出版社に圧力を加え一九八〇年に検定済として公表した中学教科書見本本（社会科）の一部を改訂させ、それが翌年四月からの生徒の使用教科書となった。このようなことは全く前代未聞のことであった。なお小学校教科書についてはその後改訂を重ねるごとに国語科においては、次つぎに平和教材が姿を消していった。

一九八〇年頃は政府予算の中から福祉関係予算が大きく削られた時期であったが、大蔵省は教科書無償措置の打切りを提起している。これは教科書業界にとっては大変な危機であった。文部省は無償措置の継続を担保に、業界に対し教育内容の記述に圧力をかけていたことは記しておかねばなるまい。また、第二次攻撃には財界も参加していたこと、政界の中心的役割を果たしたのが現大蔵大臣の三塚博であったことなども付記しておく。

アジアの反撥と日本政府の反応

一九八二年七月、中国政府は日本政府に対して、文部省の教科書検定において「侵略」を「進出」と書き換えさせたことについて公式に抗議するとともに、その善処方を申し入れてきた。さらに韓国からも正式抗議があり、また、朝鮮民主主義人民共和国や東南アジア諸国からもいっせいに抗議や批判が続出した。このような国際的な動きに日本政府は驚き、八月、鈴木内閣官房長官宮沢喜一の談話を発表し、一応の政治決着をはかった。談話の要旨は「わが国としては、アジア近隣諸国の友好、親善を進める上でこれらの批判に十分に耳を傾け、政府の責任において（教科書を）是正する」となっている。

この政府の措置はいくつかの重要な問題を提起した。その一つには侵略を進出として少しでも戦争を正当化しようとする独善的な文部省の姿勢が、国際的な圧力の中でしか変え得ないということ。二つにはそれを放置してきた現場教師をはじめ日本の民衆は一体何をしていたのかということ。そして、これまで冷戦構造下の安保体制の中でアメリカ一辺倒で歩いてきた日本の外交路線に、一つの転機を示唆したのではないか等々である。この後、年次は少しとぶが、一九九一年、総理大臣海部俊樹はシンガポールを訪ねた際、次のような発言をしている。

「今世紀前半の歴史を振り返り、多くのアジア太平洋地域の人びとに耐えがたい苦しみと悲しみをもたらした我国の行為を厳しく反省する。この深い反省にたって正しい歴史認識をもつことが不可欠と信じる。次代を担う若者たちが学校教育や社会教育を通じて我国の近現代史を正確に理解することを重視し、その面で努力したい」

海部の後の宮沢喜一、細川護熙、羽田孜、村山富市も過去の日本の戦争に関してはほぼ同趣旨のことを表明している。加えて宮沢は韓国で従軍慰安婦問題にもふれ、「実に心の痛むことであり、誠に申し訳なく思っている」と述べ、細川はかつての戦争は「侵略戦争」であったと明言し、村山は国会の所信表明で「不戦の決意のもとに……アジア近隣諸国との歴史を直視するとともに、次代を担う人びととの交流や、歴史研究の分野も含む各種交流を拡充するなど相互理解を一層深める施策を推進すべく、その具体化を急ぐ……」とまで踏みこんでいる。

最近の首相の中で歴史認識について最も保守的と思われる橋本龍太郎でさえも、「また、あの戦いは、多くの苦しみと悲しみを与えた（一九九六年「全国戦没者追悼式」）として加害責任については前内閣の意見を踏襲している。

九〇年代に入ってのこれら一連の首相発言（見解）はそれまでの日本外交の路線転換を意味する。それは、日本が戦争責任を放置したまま再び軍事大国化していくことや、また経済大国として一方的に海外に進出していることに対する特にアジア諸国からの不信や反発をいかに回避・解消するかの方策であった。ちなみに海部発言は、かれがシンガポールを訪れた時、日本の輸出品に対して厳しい排斥の声があった中で行なわれたものである。

したがってこの路線転換は、正しい歴史認識に立ってのものではなく、タテマエとホンネは別に存在する。ホンネは保守勢力の中に従来から一貫して流れてきた日本の侵略や戦争責任を否定する考えが依然として存在している。その勢力こそが日米安保の再定義を押し上げ、アメリカに追随し二十一世紀へ向けて大国支配の道を歩もうとしている。これは憲法の平和主義を否定する改憲への道である。

文部省は九〇年代に入って、このタテマエとホンネの間にあって翻弄される。文部省はタテマエとしては戦争にかかわる記述の教科書検定には柔軟姿勢をとるが、ホンネではそれが正しく十分に教えられないようにと願っているにちがいない。なぜなら教科書に記載を認めただけで、それらが十分に教えられるような手立てや条件整備は全くやっていない。

この矛盾の中に、「明るい日本国会議員連盟」や「正しい歴史を伝える国会議員連盟」の存在価値があり、そして藤岡某が提唱する「自由主義史観研究会」や「新しい歴史教科書をつくる会」などの活動の場が与えられている。

「新しい教科書を作る会」の登場とそのねらい

第三次教科書攻撃は一九九四年、藤岡信勝東大教授が「近現代史の授業改革」を掲げ『社会科教育』(明治図書)誌上に連載をはじめ「東京裁判史観」——「自虐史観」の克服を主張したことからはじまる。九五年に「自由主義史観研究会」が結成される。一九九六年になると、自民党の「明るい日本——議員連盟」や「新しい歴史教科書をつくる会」などが出現してくる。そして学校現場の教育実践研究から、教科書を書きかえさせる行動へ、さらには、マスコミなども動員し、ゆがめられたナショナリズムの「史観」を大衆にアッピールしようとしている。以下、その攻撃の特徴、内容、ねらいについてやや箇条書的になるが簡潔に述べたい。

その特徴について

一、任意な研究会という名の別働隊を仕立てる。第一次、第二次の教科書攻撃では「うれうべき教科書の問題」や「森本レポート」などの冊子が発行されたり、そのための研究グループもつくられたが、攻撃側の主力は政権政党である自民党国会議員が担当し、その照準を文部省の検定強化と教科書会社に対しての教科書内容の規制強化にあてていた。

第三次の特徴は「自由主義研究会」や「新しい歴史教科書をつくる会」などが主力となり、保守勢力の議員連盟がバックアップする形となっている。それは前項でも述べたように政権政党としてはタテマエとしてアジア諸国に一定のポーズをとりながら、一方ではホンネ貫徹のために別働隊を主力に仕立てるという構図になっている。

二、学校現場に教育研究・実践ということでストレートに「自由主義史観」やディベイトやらの授業方法を持ちこんでいる。

学校の現状は、とくに社会科は受験体制の中で暗記物の教科となりがちで、児童・生徒の多くにとっては全く面白くない教科となっている。現行の教科書にはかつて削除され規制されてきた事項、たとえば南京大虐殺や沖縄戦などが盛りだくさんに羅列的に掲載されている。これらを教師が系統的に整理して児童・生徒に十分な歴史認識を得させるためには、精力的な授業研究とそのための時間が要求される。しかし、現場の多忙化はそれを保障しない。加えて小・中学校では近現代史の配列が学年末になっており、高校では大学入試の出題範囲からはずされているところも多いことから、近現代史の部分は短時間の授業で軽く扱われてしまう。こんな問題をかかえ悩み多い現場に「元気の出る授業」などと称して、かれらは入りこむ場をつくっている。学校現場では、戦争を体験していない、または戦争を知らない教師が圧倒的に多くなり、しかも、かれら自身が成長過程において、近現代史を十分に学んでいないという問題もある。

三、一部マスコミとタイアップした「自由主義史観」グループの宣伝や活動は学校現場に限らず、一般の人びとも対象としている。かれらの出版物が何十万部も売れているとか言われているが、それは教育関係者だけでなく、もっと多くの層に読まれているのではないだろうか。

「自由主義史観」の論理や内容について

一、それはお粗末の一語に尽きる。この研究会に属する藤岡氏などは、他者の意見や論評を都合の良いところだけつなぎあわせ、史実についても自分たちの「史観」に必要なものだけを選択・強調し、一定の論理を組立てている。こんなのが果たして歴史研究なのか、まっとうな歴史教育なんて言われるものではなく、全く馬鹿馬鹿しい限りである。しかし、それがなぜ受け入れられているのかについてわれわれは厳しく受けとめ、分析と対応を考えねばならない。

二、冷戦構造が崩壊した現在、かつての反共主義はさすが姿を消しているが、一国ナショナリズムというか、日本の誇れる歴史などの強調がやたらと目につく。そのため、明治の近代化・膨張政策を謳歌し、「司馬史観」などといったものをつくりあげ評価している。司馬遼太郎は苦虫をかみつぶしているにちがいない。いや立腹しているであろう。

また、太平洋戦争やアジア侵略をなんとか正当化し、戦争責任を回避しようとしている。アメリカとの関係は、太平洋戦争はアメリカが早い時期から日本に敵視政策をとり、あらゆる挑発をかけたので、日本はやむを得ず戦争にふみ切ったとしている。パールハーバーの奇襲は「通告遅れが悲劇を大きく」したものだとの暴論を展開している。しかし、それ以上に反米を強調することは極力避けているように思われる。反米の強調は日米安保の否定につながることを配慮したのではないだろうか。

三、「従軍慰安婦」問題をターゲットにして教科書からの削除を要求しているのは、かれらの人権感覚がいかに差別的であるかを如実に示している。なお、この要求を足場に「従軍慰安婦」問題を政治運動化し、戦争責任からこの問題を抹消しようとしているのではないだろうか。いまひとつ、この問題はいくら強調しても前述の「反米」にはつながらないとの読みがあるのかも知れない。

四、自由主義史観は、大東亜戦争肯定論や東京裁判史観、マルキシズム史観などに与しない自由な歴史研究史観で、自虐史観などからの脱却をはかるとしている。しかし、最近の主張をみると限りなく大東亜戦争肯定論に近づいている。

自由主義史観による教科書攻撃のねらい

一、日本政府がとくにアジア諸国に対してタテマエの外交路線をとりつづけている限り、文部省や政権政党はホンネの教育内容を表面に出して提起することは難しい。したがってその別働隊としての「自由主義史観研究会」などが前面に出てホンネの教育内容や史観を普及、充実させようとしている。

二、厳しい教育現場に、一見とびつき易い教育実践・授業方法などをもちこみ、ホンネの教育内容の浸透をはかりながら、次の教科書改訂期に大幅に書き換えをさせることを意図しているのではないだろうか。

三、現在、政権政党がすすめようとしている日米安保再定義の路線、すなわち、二十一世紀へむけてアメリカに追随しながら大国支配への道をすすめるため、その枠組から過去の史実を選択し、一つの新しい史観をつくりあげようとしている。これは憲法の平和主義の理念と相反するものであることは言うまでもない。それを次代を担う戦争体験のない若い世代に同調を求め、いかにして浸透させるかに腐心しているように思われる。

近現代史のさらなる学習を

現在の学校において近現代史の教育がいろいろな理由で不十分であることは先に述べた。そのため近現代史の認識が抽象的・断片的なものになっている。そこにかれらの「自由主義史観」とやらが入りこむ隙がある。したがって、抽象的ではなく具体的な史実を正しく学習し、それを通して歴史の流れ、連続性について考察し得る力をどのようにつけるかが学校教育の中で要求される。わかりやすく言えば、かれらの主張を感情論や抽象論ではなく具体的な事象によって論破できるだけの認識というか力量が教師に要求されている。

なお今まで歴史教育（平和教育）は、戦争体験者の語り継ぎや、体験からの歴史考察が中心になってきた。しかし、今や戦争非体験者の世代に完全に移ろうとしている。とすれば、この非体験者が広い歴史研究の成果に立って、自分のことばで、自分の頭で考える歴史・平和教育が求められている。この作業は残念ながら非常におくれている。

以上のことを実践しようとすれば、学校現場においての体制づくりが重要課題となる。現在、平和教育を創造してきた日教組の教育研究活動や、民間の教育研究団体・サークルの活動は全体的に衰退している。これらの立直しもまた大きな課題であろう。

現在の動きが単なる学校教育への攻撃に留まらず、二十一世紀へむけての体制づくりのための思想攻撃であるだけに、大人自身の問題として、これを克服する具体的な運動も求められている。

（「平和教育」資料十四号「『自由主義史観』とやらの教科書攻撃」九州・沖縄平和教育研究所、一九九七年四月二十八日）

もう一つの原点

戦争と人の心

夜十時も過ぎた頃、誰かがこつこつと戸をたたく。くぐり戸をそっと開けてみると、そこに、あたりに気を使う様子で人が立っている。

「何かご用ですか。どうぞおはいりください」と言っても、すぐに入るわけでもなく、判じ難い言葉を口の中でぼそぼそつぶやく。再度おはいりくださいとうながすと、その人はやっと家の中に入る。その手には、前掛でおおった何かをかかえている。

母が「何のご用でございましょうか」と尋ねると、やっとその人は、「お宅が食べものに困っていると思って持ってきました」と言って前掛の下からみそこし一杯のタマゴを上り口にそっとおく。要るも要らないもない。その人は多くを語らないが、持ってきてやったというような感じである。

「いつもご心配いただいてありがとうございます」と母は言いながらお銭《かね》をはらう。タマゴは二、三十個もあるだろう。

このようなことが一夜に二、三度、または毎夜のように続くこともある。そこで、長じょうけ（米一斗が入るぐらいの竹で編んだ長細いザル）一杯になったタマゴだけが土間の隅に置かれることになる。だけがとわざわざことわっているのは、他に食物が全くないからである。

その人が帰った後で、姉や私は母に、「なぜこんな高いタマゴを買うの、それよりお米を買って」「タマゴ十個で米一升買えるのに、タマゴじゃ腹はふとらん」と詰めよる。

母は、「そんなこと言っても、米はもちろんその他の食物も一切誰も売ってくれん。このままだと栄養失調で死んでしまう。わざわざ人がもってきてくれるんだから、それを何でも買って、今は食いつながにゃ、お前たちは肥りざかりだから」ときまって答える。

その後は、親子の間に、何か気まずい空気が流れ、誰いうとなく寝てしまう。

八月二日は弟の誕生日である。

その日は、もうそのタマゴも前日までに食べてしまったらしく、何もない。朝から庭にできたまだ青い、かたい小さなトマトを一つか二つかじっただけ。水を飲んで朝から蚊帳をつって八畳の間に親子とも寝ていた。腹は減る。暑くてしようがない。弟姉たちが外に出ようとすると、くたびれるから寝ておけと元気のない声で母は言う。

これらの出来事は一九四五年、まさに日本が敗戦寸前の頃のことである。

私たち親子六人は父を大阪に残し、熊本県の片田舎に、その年の四月から疎開していた。そこは農村のど真中で、当時としては米をはじめ食糧はかなり豊富にあったといってよい。近くの軍需工場があった都市からは、闇商人が食料を買い出しに来ていた。しかし、誰も村の中では闇売りをしていないと言い、していないふりをしていた。

　私たちは都市からの疎開者であった。非農家と呼ばれ、二キロほど離れた配給所から米の配給を受ける以外、正規のルートで米の入手方法はない。戦争が苛烈になるにしたがって、配給所には米もなくなってしまった。かといって他の雑穀類もない。いきおい遅配、欠配となる。それもひと月もふた月も。遅配、欠配になれば人口の多い都市では大問題となる。しかし、この地域では配給を受ける人数が少ないだけに問題にされない。しかも、食糧はそこにあるということで。

　ところが、そこの村人たちは闇商人には米を売っても、村内の人には米はおろか野菜に至るまで売らない。闇売りがばれるからである。いきおい私たちは、食糧のあるところにいながら、正規のルートからも闇ルートからも入手できない。私たちが何かしようとしても、村人たちは一見インギンに見えても、疎開者ということで白眼視する。実質的な村八分であった。一切の食物の購入が拒否されれば結局、私たちは飢える以外にない。そんな時のタマゴである。それではなぜタマゴだけがもちこまれたのだろうか。

　家に運んでくるその人たちは、ほとんどが農家の若嫁さんであった。とくに小作や貧農の人が多かったようである。その人たちの夫はほとんど出征して戦地へ行っていた。家の金は家長のおじいちゃんが握っている。その中で嫁さんは自分の子どもを育て学校にもやらなければならない。しかし自分の裁量で使える金はない。そこで高価なタマゴに目をつけたのではないだろうか。おそらくタマゴは納屋の隅かどこかにこっそりかくして貯めていたのではないだろうか。

その当時、私はその人たちに腹が立って、顔を見るのもいやであった。田舎の人は純朴である、人が良いとか昔から言われていたが、私は大いに疑問をもった。そんなことは全くのうそっぱちと思った。そのことが昂じて、美しい田舎の自然に嫌悪すら感じていた。

戦い終って、年月が経ち、戦争をいくつかの面から知るようになって、その人たちの気持も、また、その人たちがおかれていた状態も何となく理解できるような気がする。その人たちもまさに戦争のひずみの中で必死に生きた人たちではなかったのだろうか。

しかしである。あの時の人間の非情というか薄情というか、醜さというか、その受けた感情だけは消えない。むしろ、このことに触れたくないし、思い出したくないような気がして胸が痛む。それだけに戦争を心から憎悪する。

今年もやがて弟の誕生日、そして終戦記念日がやってくる。

（「平和教育の理論と実践」第二集「戦争と人の心」藤吉教育問題研究所、一九七五年七月）

「勤評ハンターイ」

「スズメ　ノ　ガッコ　ノ　センセイ　ガ　ムチ　ヲ　フリフリ　チイパッパ　チイチイパッパ　チイパッパ……」

七、八人の子どもたちが横一列、手をつないで大声をはりあげて楽しそうに歩いていく。ところは日鉄潤野炭坑〈飯塚市潤野〉の炭住街。その列のまんなかにおとなが一人。

「あの人、先生やろか」「あげな先生がおらすちゃが」と行きかう人びとは、たちどまりささやいている。

私はいささか照れながら元気な子どもたちの声につられていっしょに歌ってていく。今日は家庭訪問週間の日である。この週間に約五〇人のクラス全員の子どもの家庭を訪ねるには、一日八軒はまわらねばならない。しかし、この週間が四月末に設定されたこともあって、新しく担任となった私は、子どもの家も親もまだほとんど知らない。そこで、子どもたちが道案内となり順序よく私を導いてくれる。

A君の家でお母さんとちょっと話しが長くなった。外で待っていた子どもたちはしびれを切らして「先生まだ」と入口からのぞきこむ。炭坑住宅はたいてい長屋で、入口から狭いタタキがあってすぐ居間になっていた。奥まで見通せる。私は居間の上り口に腰かけて話した。「もうすぐだ」「先生、何ば飲んどると」「それサイダー」「わあー」何ともにぎやかなこと。「それでは今日まだまわるお家がたくさん残っていますので」といって子どもたちの声にせかされながらつぎへまわる。

二軒目はB君の家だ。「こんにちは」と入っていくとお母さんがつっ立っていて「うちは一番後にして、今ちょっと都合が悪いから」と断わられる。どうしたのかと不審に思いながらも、それではとつぎへ急ぐ。それからさらにつぎつぎとまわって日が暮れかけた頃、子どもたちもみんな帰して最後にふたたびB君の家へとって返す。

お母さんがでてきて「さっきは父ちゃんが三番方（夜の一一時から朝七時までの労働）から帰ってまだ寝とったもんですから、今日は先生が来るちゅうんで炭坑を休むことにして待ってます。さあ上ってください」とのこと。それではと上り込んだら、「まあ先生、ぼつぼつやりながら」とお父さんが、畳の上に一升ビンと湯呑みを二つおく。酒は合成酒（二級酒より安い）である。

しばらくすると、横の方で家族の夕食がはじまった。「もう一杯おかわり」「そげん食べて大丈夫」「まだまだ」と兄弟四人は競っている。「先生、カレーライスをするとこれやから、なんぼ作ってもすぐなくなる、家じゃカレーが一番のごちそうや」とお母さんが伸びざかりの子をニコニコ横目で見ながらこぼしている。

そのうちに一升ビンも空に近づく。突然、お父さんが「何もいうたらいかんばい」と私に目くばせする。何事かといぶかっていると、ふところの奥深くからしわくちゃのお札を取り出し「母ちゃん、ほら、先生が一本買うげな」お母さんはびっくりして「先生そげなことせんでも」と固辞される。私があっけにとられていると、「先生の気持や、遠慮せんと酒ば早う買うておいで」とお父さんはお母さんにお札を押しつけてしまった。万事休す。あとは楽しく飲むだけとなった。二本目も確かに空になったはずである。あ、、なんたることか。この不道徳教員め……。

この父親とは以後、長いおつきあいとなる。

「こんにちは、今日は署名を頼みにきました」「いいよ」Y君のお母さんはよく確めもせずすぐ署名してくれた。その後で「ところでこれ何ね」「勤評反対」「勤評て何ね」「勤務評定とは……です」と私は組合からおりてきたとおりのことを言った。お母さんは「へえ、先生たちは子どもには点数（成績）つけるくせに、自分がつけられるのは反対、いやなんかねえ」と。私はまったく答えが出なかった。

このことを分会会議に報告すると他の仲間も同じ目にあっていた。「良い先生も悪い先生もいるから給料に差があって当然」「刺戟になって良いのでは」。このぐらいではない。きびしい教師批判、なかには怨嗟に満ちたものまで、耳を覆いたくなる。もう一軒一軒の署名活動、話し込みはいやというものまで出てきた。

炭鉱労働組合の支部事務所にも行った。「勤評反対ねえ、先生たちにはそんなものなかったの。会社には考課があって、それで職員になったり係長、課長になっていく。校長や教頭はどうしてきめるの」。いやはや思いもかけない質問が援軍であるはずの炭労役員からとび出す始末。

勤評とは何だろう。何回も何回も延々と分会会議が行なわれた。中年の仲間はぼつぼつと自分の戦前の教師体験を話しはじめる。また親からのきびしい批判をまともに受けとめて、自分たちの日常実践を問い直す。試行錯誤しながら気をとりなおし、「勤評反対、もっとがんばらなくちゃ」と、何度も署名や話し込みに出ていった。

勤評闘争はこんなことのくり返しであった。そんななかから親のホンネもでてきた。そして教職員がどれほど無知で不遜であったかを思い知らされた。先に述べたB君の父親をはじめ炭坑労働者からは炭坑合理化について現場の具体的な事実を教えられた。これらを通して、勤評と炭坑合理化のねらいが何であるかの共通理解も生まれてきた。しかし、それにはかなり長い時間を要した。

勤評闘争は一九五七年、愛媛県ではじまり、翌年には全国を席捲するところとなった。時あたかも全労働者に合理化の攻勢がかけられようとしている時期でもあった（福岡県においては一九五八年はじめから五九年にかけて、私たちはまさに勤評反対闘争に明け暮れた一年数カ月であった)。

ところで勤評とは何だったのか。今様にひと口でいえば、管理体制強化を勤評によってすすめ、勤務評定書によって差別賃金を導入する、ということになるだろう。これは教育の国家統制につながる。故に非常な危機感をもった。しかし、問題は当時の組合員のなかにも勤評的な体質が存在していたことだ。私たちはこの体質に、たたかいをすすめるなかで気づき、「内なる勤評体制」と呼んだ。勤評闘争はこれを克服することも大きな課題となった。しかし、残念ながらみずからの力だけでは克服し得なかった。親から、多くの労働者から、そして地域の人びとからたたかれ、批判され、そのなかで血みどろになって共鳴、共感を求めていくなかで、すこしづつ脱皮していった。

当時、ある母親はこんなことを話してくれた。

「炭坑が人員整理をするというので主婦会も会社の幹部に抗議に行った。えらい人たちは言を左右にして頑として首切りを撤回しない。その時、子どもを学校にやってえらい人にしようと思っていたけど、それがこんな人になるのかと、ふと思った。先生、いったい学校て何でしょうかね、教育って何でしょう」

私は今でもこの言葉は忘れない。

勤評闘争から二七、八年が経過した。しかし、それ以来「一人ひとりにとって教育とは何か」を一貫して問いつづけてきたような気がする。勤評闘争は私に教育労働者としての視点を与えてくれた。もし勤評に出会っていなかったら今日の自分にはなっていないだろう。それはともかく、今こそ勤評闘争の総括と教訓に学ばねばならない。若い人たちからいまさら古い歴史でもあるまいしとの批判も受ける。しかしそうではない。勤評闘争は日本の教職員を教育労働者に作りかえたのだ。それを学ばねばならない。

教育臨調反対、国民のための教育改革運動。大きな課題である。これにとりくむには、自分の足、自分の言葉で地域に運動を起こさねばならない。その時、親や地域の人びと、労働者を通じてみずからの教育実践がどこまで問い直されるか、そして、行革、臨調反対が本当に具体的にその人びとと共通のものになり得るか。この壁を何としてもみんなで越えて行きたい。

（「教育評論」「『勤評』ハンタイ」一九八五年四月号）

小泉首相靖国参拝違憲福岡訴訟での「陳述書」

天皇制国家主義と神道

日本は十九世紀末から二十世紀前半にかけておよそ半世紀に渡り、朝鮮、中国をはじめアジア諸国に対し、戦争による侵略を続けてきた。これらの戦争を正当化し、日本人を戦争に駆り立てていった思想の根底には国家神道と一体になった天皇制国家主義が大きな位置を占めていた。今日においてそのことは誰もが認めるところである。

神道には皇室神道、神社神道、教派神道、民俗神道などがあるとされているが、国家神道とは簡単に言えば明治期に国家権力によって皇室神道に神社神道が直結させられ、敗戦までその国家権力によって祭祀や行事が行なわれてきた「宗教」とでも言ってよいであろう。

その頂点に皇祖とされる天照大神を祀る伊勢神宮が君臨し、その子孫である天皇が「現人神」として存在する。系列下に入った神社は官幣社、国幣社、府・県・村社などに社格がランク付けされ、国、県、市町村などの公費によって維持されてきた。そして、全国民は神社の

「氏子」に組み入れられ、祭祀をはじめ諸行事に参加させられてきた。

神道であっても伊勢神宮（天照大神）の系列下に入ることを拒否した天理教や大本教などの教派は「神社」の呼称を用いることが許されず、国家権力の厳しい監視と弾圧を受けたりした。一方、天皇に忠誠を尽くし戦死した「忠臣」を「神」として合祀する靖国神社は招魂社を経て明治期に設立されたが、別格官幣社にランク付けされ、国家神道においては伊勢神宮に次いで重要な位置を占めてきた。なお、靖国神社の後にできた県段階の護国神社などはその系列下に置かれてきた。

伊勢神宮、現人神、靖国神社という国家神道の構造をみてくると、それはまさに「天皇教」とも言えるものである。この天皇教を全国に広め、国民に浸透させ、そして侵略した他国にまで押し広げていったのは神社（神官）であり、軍隊であり、学校の教師などであった。なかんづく学校教育が果たしてきた役割は大きい。

小泉首相は靖国参拝にあたって「尊い命を犠牲にして日本のために戦った戦没者たちに敬意と感謝の念を捧げるのは当然……」と言っている。しかし、それは過去の戦争の加害、被害を覆い隠し、戦争を正当化しようとするものである。靖国問題は靖国神社が天皇制国家主義、国家神道、即ち戦争を進める構造の中で大きな役割を果たしてきただけに、小泉が言うそんな心情的な一面だけで片付けられる程単純ではない。

今日、いよいよ顕著になっているネオ国家主義の台頭、それに連動する学校教育、そして集団的自衛権の行使を意図する有事法制化の動きなどをみる時、内閣総理大臣という小泉純一郎が靖国神社に参拝するということは戦争体制作りの一つとして極めて重要な問題を含んでいる。

大日本帝国憲法、教育勅語、学校教育

一八八九（明治二十二）年二月十一日、大日本帝国憲法が公布された。現在使用されている小・中学校の教科書のほとんどは、この二月十一日を記載していないが、これは重要な意味を持っている。憲法発布をこの日にしたのは、天皇の地位や権力は憲法によって決まるものでなく、神武天皇即位から一貫して存在しているのだということを強調するためであった。

大日本帝国憲法の第一条から第四条は次のようになっている。

第一条　大日本帝国ハ万世一系ノ天皇之ヲ統治ス
第二条　皇位ハ皇室典範ノ定ムル所ニ依リ皇男子孫之ヲ継承ス
第三条　天皇ハ神聖ニシテ侵スベカラズ
第四条　天皇ハ国ノ元首ニシテ統治権ヲ総攬シ此ノ憲法ノ条規ニ依リテ之ヲ行フ

この四カ条が帝国憲法、いや天皇制国家体制の基底となっている。それは神武天皇を祖とす

る万世一系の皇統を持つ天皇が現人神として日本を統治するということである。森喜朗元首相が言った「天皇を中心とする神の国」である。近現代の「先進国」とやらで憲法に祭政一致を謳い、しかも史実に反することを条文化している国は他にない。

この憲法発布に続いて翌年の一八九〇（明治二十三）年に教育勅語が出された。この教育勅語は右記憲法を受けて「天皇に対する忠誠」を日本国民の道徳律とし、教育理念の根源としている。以降、教育勅語は日本の敗戦まで学校教育の中心に位置付けられてきた。

軍隊においては既に一八八二（明治十五）年に軍人勅諭が出されている。軍人勅諭では、我が国の軍隊は神武天皇からはじまり、今日に至っており、朕（天皇）がその大元帥であり、したがって日本の軍隊は天皇の軍隊（皇軍）であるとしている。そして、軍人に対し「忠誠を尽くすを本分とすべし」と強調している。

大日本帝国憲法、教育勅語、軍人勅諭、それに国家神道がセットになって、近代日本は天皇制国家主義体制、即ち「戦争を進める仕組み」を強引に形成していった。その中で特に学校教育に関わって以下述べていきたい。

教育勅語に続いて一八九一（明治二十四）年、小学校祝日大祭日儀式規定が作られる。全国の小学校では祝日に全校教職員・生徒が出校して儀式に参列した。儀式はこの規定にしたがって進行された。参列者は天皇・皇后の写真（御真影）を拝し、校長が教育勅語を奉読し、その間児童他全員は頭を下げ、じっと勅語を拝聴した。また参列者全員が、君が代他式歌を斉唱した。

この時期から特に学校行事を通して紀元節はじめ祝祭日が国家的行事として国民大衆の中に入っていった。この祝祭日というのは紀元節や天長節（天皇誕生日）をはじめ天皇家の祭祀、国家神道の祭祀である。したがってこれらの祝祭日や儀式などの行事によって国家神道が普及していくことになった。その反面明治期以前に民衆に親しまれていた五節句や七夕などの祝事が退けられていった。国家権力によって民衆の文化を退け押し潰すというこの手法はその後の日本の植民地における同化政策に通ずるものがある。

明治政府は小学校令を何度か改正しているが、一八八六（明治十九）年には小学校就学を義務化し、更に一九〇〇（明治三十三）年には小学校の授業料を徴収しないことを決めている。これらは現在でいう子供の学習権を保障するということとは質的に全く異なる。明治政府が学校教育に期待したのは富国強兵のためで、以下のようなことであった。

一、天皇制国家に対する忠誠心の育成と国民意識の統一。
二、近代産業（資本）が要求する低廉かつ良質な労働力の育成。
三、天皇制軍隊の圧倒的部分を占める兵士の育成に役立つ基礎教育。

したがって小学校の義務化はそのために「学校に行かせる、来させる」義務を課したのであった。また、授業料を徴収しないようにしたのは小学校の就学率を上げ、上記の教育目的を達成するためであった。この結果、児童の就学率はその後短期間に九〇％台に上昇している。

小学校教育には上記で述べたようなことが期待されていただけに、その教育内容にも注目しておかなければならない。

日露戦争がはじまった一九〇四（明治三十七）年から小学校では国定教科書が使用されることになった。その内容は「修身」や「国語」の教科書において天皇に対する尊敬や忠義が強調されている。例えば最初の国定教科書（第一期国定教科書、一九〇四年～一九〇九年）尋常小学校巻二（二年生用）には先の日清戦争で戦死した陸軍二等卒のラッパ手木口小平が登場する。ここでは勇気という徳目で「テキノチカクデ、スコシモオソレズ」ラッパを吹いたという行為が顕彰されている。以降木口小平は第二期国定教科書（一九一〇年～一九一七年）、第三期（一九一八年～一九三二年）、第四期（一九三三年～一九四〇年）の教科書に至る三十七年の長きにわたって掲載された。ただ第二期国定教科書からは勇気が忠義という徳目に変えられ、「修身」書一年生用になっている。この木口小平は国民学校、即ち第五期国定教科書になって姿を消す。したがって国民学校以前の小学校体験者（七十歳位以上）は今でも木口小平を知らない人はいないと思われる。

「天皇陛下」については国定教科書第五期を通して、全学年に出ている。その頻度は極めて高い。また国定教科書の修身や国語には歴代天皇や伊勢神宮、明治神宮、靖国神社などの教材も数多く配置されてきた。

この中で靖国神社について述べると、第二期から第五期までの「修身」教科書四年生用の全てに出ている。このことについて『日本が神の国だった時代』（入江曜子著、岩波新書）は七三頁から七五頁で解説し、「天皇のために死ねば天皇が報いてくれる、という揺るぎない価値観を植え付けたのである」と指摘している。

これらの使用された教科書の内容を見ていくと、靖国の性格が端的に示されている。その要旨は「靖国は東京九段坂にあって、天皇の為国の為に死んだ忠義の人々を祀っている。そのお祭りは天皇の思し召しによる」となっている。小泉首相は「国の為に命を捧げた」と言うけれども、靖国の前身である招魂社の時代は明確に天皇の為であった。天皇制国家主義体制が確立していく中で「国の為」がくっついてくるが、それはあくまで天皇が中心で、国と言ってもそれは「天皇の国」を意味しているに他ならない。

しかも天皇の為、国の為に尽くすというけれど、それは戦死でなければならない。「サンダカン八番娼館」の著者で知られている山崎朋子さんは父の死について『鳴潮のかなたに』（文藝春秋）に書いている。それによると彼女の父は海軍大佐イ号第六七潜水艦の艦長であったが、一九四〇（昭和十五）年八月二十九日、東京南方海面にて実戦的猛訓練中に艦は遭難、行方不明となり死亡している。しかし戦死ではないので靖国には祀られていない。そのために

「太平洋戦争の最中には〈靖国の遺児〉でないという理由で差別された私。そして戦争が終わってからは、事実はそうでないのに〈靖国の遺児〉と思われまたしても肩身の狭い思いをしなくてはならなかった私たち家族」と靖国との関係を述べている。

国定教科書で今一つ指摘しておかねばならないことがある。最初の国定小学校日本史教科書の第一章は「天照大神」ではじまる。この天照大神から日本の歴史がはじまるという方式は、その後教科書が何度か改訂されているが、ずっと継続されてきた。したがって国定教科書で育った年代は日本の歴史はまさに神様からはじまって今日に至っていると思い込み、史実と神話が混同しているなどと考えることすらできなかった。これこそ「天皇を中心とする神の国」で、他国とは違う「神国日本」という優越した国体観念が日本を誤らせることにつながっていった。

軍事教練の強化と国民学校

一八七二（明治五）年に発足した我が国の近代的学校教育制度は第一次世界大戦頃には約半世紀を経過していた。支配者側にとって日本が更に帝国主義的発展を遂げる為には、教育全般についての検討を必要とした。しかも、その当時教育界においては大正デモクラシーの影響もあって、彼らの指向とはむしろ逆方向の「自由教育」の風潮が各地で提唱されはじめていた。

また大戦による生活難から労働運動は急速に活発となり、無産者運動や社会主義運動が大きく拡がろうとする状況となっていた。それだけに危惧を感じた政府（寺内内閣）はこれに対処する為、臨時教育会議を設置した。会議は内閣の直属審議機関としての委員会であったが、これに権威を持たせる為、全く異例ともいえる天皇の「上諭」をもって設置された。この会議の設置意図は皇室を中心とした日本独特の国家主義の教育体制を作ることにあった。

会議は一九一七年十月から一九一九年三月に至る一年半に及んだが、九つの諮問事項についての答申と二つの建議を行なった。これらの答申や建議はその後の教育政策に大きな影響を与え、特に高等教育の改革、教育財政の見直し（削減）、学校教育の軍事化、「国体の本義」を発揚する教育政策の強化へとつながっていた。

二つの建議の一つは「兵式体操ニ関スル建議」である。標題は「兵式体操」となっているが本文では「学校ニ於ケル兵式教練ヲ振作《しんさく》シ以テ大ニ其ノ徳育ヲ裨補《ひほ》シ併セテ体育ニ資スルハ帝国教育ノ現状ニ鑑ミ誠ニ緊急ノ要務ナリト信ス。速ニ適当ノ措置ヲ取ラレムコトヲ望ム」となっており、本音は兵式教練の強化を求めるものであった。これはやがて陸軍現役将校配属令、青年訓練所令につながっていく。

陸軍現役将校配属令（一九二五年）の実施によって学校教育の軍事化は一段と進むことになった。即ち中学校以上の学校に現役陸軍将校が配属され、必修科目として全生徒に軍事教練が課された。将校配属令によれば「将校ノ配属ハ陸軍大臣、文部大臣ト協議シテ之ヲ行フ」

「配属将校ハ教練ニ関シテハ当該学校長ノ指揮監督ヲ受ク」となっていたが、この制度によって軍部が学校教育現場に直接介入し、実際的には配属将校が学校全体に対し大きな発言力と影響を持つに至った。なお、軍事教練の実績評価については、年に一度陸軍大臣が任命した教練査閲官によって査閲が義務付けられていた。この査閲を受けることは学校挙げての重要な行事となった。学校では査閲の評価を上げる為、査閲日に向けて猛訓練をするところが増えたことは言うまでもない。

現役将校配属は学校教育そのものに対する軍事化を目的とするものであったが、今一つ下級(予備)将校の予備軍を養成する狙いも持っていた。一度戦争が起こっても兵士は召集ですぐできる。しかし、軍隊の中核となる下級将校の急造は困難である。そこで平時からその予備軍を養成していくという目的を持っていた。これは日本軍隊の組織構成、徴兵制とも大きく関わりを持っている。生徒にとっては在校中の配属将校が行なう「教練」の成績いかんが入隊後の幹部候補生(下級将校や下士官になるコース)資格や在営期間に大きく関わるとされただけに「教練」を軽視したり、逃避したりすることはできない状況に追い込まれていた。したがって学校にとっては学校運営において、生徒・学生にとっては個々人の兵役、将来に関わることとして学校における軍事教練は避けて通れない難問題であった。(資料参照)

教育の軍事化は一般青年にも拡大された。政府は勅令第七〇号青年訓練所令(一九二六年四月)をもって全国の市町村には青年訓練所を設置した。青年訓練所は実業についた青年を十六歳から二十歳まで四年間入所させ修身・公民科時間、普通学科百時間、職業科目百時間、軍事教練四百時間を課するというものであった。この翌年（一九二七年）徴兵令が改正され兵役法となったが、兵役法では訓練所を修了した者は現役二年の在営期間を六カ月短縮されることになった。この兵役上の特典は、徴兵検査前の青年に対しての軍事教練の実質的な義務化となった。なお、青年訓練所は一九三五年に実業補習学校（小学校六年終了後業務についた者に対する実業補習をする機関）と統合して青年学校となった。

青年学校は実業に就いた青年を対象に、小学校に引き続く二年の普通科の上に、女子三年、男子五年の本科を設置した。男子本科五年の授業時数九六〇時間中、三五〇時間が軍事教練に充てられていた。こうして義務教育期から青年期を通して軍隊に入隊するまでの期間、天皇制国家主義の思想（天皇教）教育と軍事教練が強化されていった。

教育の軍事化は男性に対してだけではなく、女性に対しても進められた。臨時教育会議においては「女子ハ自ラ忠良ノ国民タルヘキナラス又忠良ノ国民タルヘキ児童ヲ育成スヘキ賢母タラサルヘカラス故ニ女子ノ教育ニ於テモ第一ニ国体ノ観念ヲ鞏固ニシ国民道徳ノ根底ヲ固クスルト共ニ家庭ノ主婦トシテ又母トシテ其ノ責務ヲ尽スニ足ルヘキ人格ヲ養成スルニ努ムヘク」として国体観念を身につけた良妻賢母になることが強く求められた。この方針を受けて高等女学校令（一九二〇年）の第一条では「高等女学校ハ女子ニ須要ナル高等普通教育ヲ為スヲ以テ目的トシ、特ニ国民道徳ノ養成ニ力メ婦徳ノ涵養ニ留意スヘキモノトス」としている。このような考え方は高等女学校に限らず、女子全体に対して改めて強調された。

一九二五年、悪名高い治安維持法が制定された。この法律の施行によって官憲は「三・一五共産党検挙」など次々と大衆運動や反体制の思想弾圧を加えていった。またこれに呼応して文部省は「学校教育ニ於テハ国体観念ヲ明カニシ国民的信念ヲ涵養スルコト最モ必要ナリ」として学校教育において「思想善導」策の推進と反体制思想の取締りを強化した。

一九三五年、政府は「国体明徴」を強く打ち出してくる。国会においては美濃部達吉の憲法理論「天皇機関説」が非難攻撃され、美濃部は貴族院議員、東大教授を辞任する。これを機に国体明徴運動は軍部も加わって強引に押し進められていった。

一九三七年七月七日の盧溝橋事件の直前に文部省は冊子「国体の本義」を発刊する。それは天照大神からはじまる大日本の国体にふれ、天皇親政を謳歌し、皇室の盛運を助けるのが国民の使命であるとしている。この冊子は大人にとっても難解な文章であるが、五年間で一〇三万部印刷され、学校や社会教育団体を通じて全国に配布された。また多くの小学校で卒業生に配布された。

一九三七年十二月、教育審議会が前述の臨時教育会議同様、内閣総理大臣の直属機関として設置された。同審議会は幼稚園から大学までの全ての学校教育の内容・制度について検討を加え答申を出した。この中には義務教育年限の二年延長なども盛り込まれていたが、実施されたのは大きく言って二つだけであった。その一つは「国民学校」もう一つは「青年学校の義務化」である。

一九四一年四月、文部省はそれまでの小学校を国民学校と改めた。国民学校令によると「皇国ノ道ニ則リテ初等普通教育ヲ施シ国民ノ基礎的錬成ヲ成ス」としている。小学校令では「道徳教育及国民教育ノ基礎並其ノ生活ニ必須ナル普通ノ知識技術ヲ授ク」となっていた。「皇国ノ道」とは天照大神からはじまる万世一系の天皇に対して忠節を尽くすことを至上とする道徳観念を指している。まさに「天皇教」を基本に据えて基礎的錬成をすることである。確かにそれまでも教育の基本には教育勅語の観念があったが、それをますます深化させた、言い換えれば「国体の本義」を地で行くような教育を求めている。この教育内容は国民科（修身、国語、国史、地理）、理数科（算数、理科）、体錬科（武道、体操）、芸術科（音楽、習字、図画、工作）その他となっている。

この年から教科書も大きく変えられた（第五期国定教科書）。その中では天皇陛下、神国日本、八紘一宇、大東亜共栄圏などの用語がやたらに使われ、また日本がアジアの盟主であるかのような内容が盛り込まれていた。国史教科書はその前年に改訂されていたが「神勅《しんちょく》」が冒頭に出てくる。体錬科では武道（柔・剣道、女子は長刀《なぎなた》）に重点が置かれ、音楽はドレミファソラシドがハニホヘトイロハとなり、曲目も忠君愛国、軍国調のものが多くなった。学校行事としては神社参拝が頻繁にあり、朝礼時には必ず宮城遥拝があった。まさに学校・地域をあげての現人神の神国日本への「尽忠報国」の教育が強引に推進された。

私の戦時下体験

私は「満州事変」の発端となった柳条湖事件から約四カ月後の一九三二年一月三日に生まれ、日本が敗戦となった時は十三歳七カ月の中学二年生であった。いわば十五年戦争下に生まれ、軍国主義教育の中で「純粋無垢」なまさに軍国少年に育てられた。しかし軍国少年といっても私たちの年代の前後は特に太平洋戦争の激変（一九四一年～一九四五年）の中で、学年や年齢が一つ違うだけで学校体験・生活体験が著しく異なる。それは戦争だけでなく戦後体験にもつながっている。

幼児期から小学生頃までの体験

私のアルバムには二歳頃家族で写った一葉の写真がある。私は軍帽にサーベルを吊っている。軍帽は陸軍将校用を模した物、サーベルは陸軍将校用の玩具。エプロンをはめてゴム長を履いている。おそらく軍用長靴のつもりだろう。この頃、正月や七五三で神社に行くと幼い男の子は陸海軍将官の正装を模した服装が多かった。おそらく将来の夢をそこに託していたのであろう。ずっと以前明治期か大正期かは知らないが、末は博士か大臣かと言われた時代と大衆の感覚も大きく変化している。

小学校では興亜奉公日を覚えている。毎月一日がこの日で神社参拝があった。学校には白いご飯に梅干の日の丸弁当を持って行った。それ以外のものは持って行く事を禁じられた。戦地の兵隊さんを思えということであった。「大東亜戦争」がはじまると毎月八日が大詔奉戴日となって興亜奉公日の行事もそちらに移行した。当日は神社参拝、宮城遥拝はもとより、朝礼では校長の「畏くも天皇陛下におかせられましては……」といった訓話が必ずあった。しかし、戦況が厳しくなるにつれ、食糧不足もひどくなり日の丸弁当は持って行けなくなった。「贅沢は敵だ」、「欲しがりません、勝つまでは」、「撃ちてし止まん」といったスローガンは今でも鮮明に覚えている。

私が四年生の時、国民学校になった。五年生になると武道の時間があった。木刀で剣道の型や、柔道着がないので柔道帯を襷にして投げの型などを運動場で稽古した。女子は長刀を振り回していた。

この頃見た映画では「ハワイ・マレー沖海戦」、「海軍」といったものが記憶に残っている。映画館に行くと主題映画の前に必ず「時局ニュース」が上映された。後で知ったが、それは軍部のマスコミ統制の中で戦意高揚の為に上映を義務付けているものであった。

五年生になると「国史」を学習した。国史教科書は上・下になっており、下巻は六年生用であった。五年生の上巻は「神勅」（前出）からはじまる。神勅は天照大神が、瓊瓊杵尊《ににぎのみこと》の「天孫降臨」の時に示したものとされている。この神勅によって「万世一系の天皇をいただき天地と共に動くことのない我が国体の基は実にここに定まった」と教わった。「神勅」の次には神武天皇から今上（昭和）天皇までの御歴代表があり、一二四代の天皇の御名を暗記させられた。教科書の本文は第一天照大神、第二神武天皇、第三日本武尊となり、以下天皇やその一族を中心にした歴史が述べられていた。森喜朗元首相が言った「天皇を中心とする神の国」の歴史書であった。これは正に国家神道、天皇教の教義書であり、教師が布教師で、学校が布教場になっていたことを如実に示している。

昨年（二〇〇一年）教科書採択で問題になった「新しい歴史教科書を作る会」編、扶桑社発行の中学校歴史教科書には、天照大神、神武天皇、日本武尊が出てくる。神武東征の地図などは色刷りになっているが、国史教科書の図とそっくりなものが記載されている。

「第二十一　北条時宗」では元寇が出てくる。ここで「神風」についてしっかり教わった。理科の時間に台風を学習しても神風が台風であるなどとは全く思案の外であった。これを和魂洋才というのであろう。これが科学的認識を中断した国家統制における教育の実態であった。私は戦争末期にこの神風が必ず吹き、アメリカの飛行機は墜落し、艦船は沈没し、日本は必ず勝つと信じていた。私だけでなく当時の多くの軍国少年・少女は神州不滅をかたくなに信奉していた。

中等教育の体験

私は一九四四年四月、旧制の大阪府立住吉中学一年に進学した。英語、軍事教練、剣道、柔道の時間が小学校に比して新しく加わった。私たちの学校では何故か英語は重視されていた。一九四四年といえば戦時中の中等学校で授業が行なわれた最後の年である。全国の中学校では英語は敵性語であるとして排除されたところも多い。

軍事教練の時間は一週二時間位であったと思うが定かでない。教練の時間に編上げの靴が必要であった。父がどこからか闇でそれを手に入れてきた。その時は本当に喜んだが、三日目位に学校の靴箱から盗まれた。その後は辛い思いをしたが腹立たしさと共に今も覚えている。教練はゲートルの巻き方、団体訓練、整列や行進など軍隊方式の基礎訓練であった。整列は背の高い者を筆頭に順次低い者と横列に並ぶが、出席簿もその順で教練の時に出席確認(点呼)しやすいよう作られていた。小銃を担いだり、その操作や射撃などの軍事訓練は四年、五年だけ。三年生は木銃、二年生以下は何も持たずに基礎訓練。教官は若い颯爽とした現役配属将校、それにおじんと呼ばれた退役少尉、細かく丁寧に教える退役准尉、そして元下士官の四人であった。配属将校は途中で戦地に出て行き「名誉の戦死」を遂げたと発表があった。

学校で年間の一大行事は管区の連隊長がやってきての学校査閲であった。代々木練兵場で天皇がやっていた閲兵の雛型と思えばよい。全校生徒が完全武装して運動場に整列する。といっても四年、五年だけで三年は木銃、一、二年は武器も背嚢もない。五年生から分列行進、査閲官（連隊長）の前を通過する。その時、指揮者（級長）は頭右《かしらみぎ》と号令をかけ、みんなは膝を高く上げて足音高く行進する。それが終わると査閲官の講評があり、学校の評定が下される。これを企画し、遂行するのは配属将校で、彼は学校を実質的に左右する権力者の中軸に位置付いていた。配属将校は陸軍現役将校配属令に基づくもので、軍縮期の一九二五年（大正十四年）からはじまった。これは教育の軍事化に大きな役割を果たしてきた。

私はこの軍事教練を受けた最後の生徒である。私より一年後に入学してきた者はその年（一九四五年）に出された決戦教育措置要綱（閣議決定）により四月から授業停止になったので、教練の授業は受けていない。

中学校教科書は私の一学年上から国定教科書になっていた。即ち私が入学した時は一、二年生が国定教科書ということになる。上級生がやってきて、お前たちの教科書は面白くないなあと言っていた。彼らの教科書には色刷りの絵がついていたような記憶がある。

中学一年の時、陸軍幼年学校を受験した。幼年学校は陸軍士官学校、陸軍大学につながる陸軍将校養成のエリートコースであった。受験資格は中学一、二年。エリートコースであるだけに各学校とも何人合格するかを競っていたようである。私の学校でも受験のための特訓があった。試験は三日か四日かけて行なわれた。最終日には身体検査。その検査場では衣類を脱いで風呂敷に包み、パンツ一枚で整列した。検査官の責任者は陸軍大佐。「君たちは今徴兵検査と同じ検査を受けることになる。若くして受けられることを光栄に思え」と彼は言った。

後日、面接口頭試問があった。検査官は金筋に星が二つ付いていたから中佐と思うが、若い人であったから中尉かもしれない。口頭試問に備え「なぜ幼年学校を受けるのか。一、二年待って少年兵（特幹志願兵）に行けばすぐに天皇陛下のお役に立つが」と聞かれたら「将校になってもっと大きな忠義を尽くしたい」と答えよというような特訓も受けていた。私は学科は大丈夫と思って合格通知を待っていたが不合格。その時母は「人をたくさん殺さな偉くならんような軍人になるな」と言ったが、軍国少年は大いに反発した。しかし、戦後になって母の本当の思いを知る。

一九四四年末から一九四五年にかけて本土空襲はいよいよ激しくなり、私たち一家は一九四五年三月、父を残して熊本県に疎開した。四月から熊本県立玉名中学校に転校した。転校したものの学校は開かれず、中学三年以上は荒尾や大牟田の軍需工場に勤労動員、一年、二年は田舎に残って荒れ果てている田畑（働き手の男が出征し、多くの農地は荒れ果てていた）を一人一反耕作し、米もしくは芋を作れということになった。その村の中学生七人は毎日集まってあちこちに散在する田畑を作った。村の生徒は私を除いてほとんどが農家であったので、私は農作業ができないといっては彼らから虐められた。また疎開者といっては蔑まれた。加えてこの田舎の一年間の生活は他からは想像できない食糧難を味わった。私には悲惨な思い出しかない。

一九四五年八月十五日、日本の敗戦を知り茫然自失。軍国少年は大きな衝撃を受けた。九月末か十月頃から学校がはじまる。一二キロ位の山道を自転車通学、学校では教科書に墨を塗ったり、大きな穴を掘って教科書を燃やしたりした。それ以外ほとんど記憶がない。学校が嫌になっていた。

一九四六年三月、大牟田市に転居、四月、福岡県立三池中学に転校。おおらかで開放的な三池中学の生徒たちは私を快く迎え入れてくれた。教師たちは敗戦後多種多様な人が入っていた。空手五段の元海南島の炭鉱の重役、通勤途上いつも分厚い原書を読んでおられた穏やかな元陸軍技術少佐、政府のエリートコースにいた博識の社会科の先生、中学時代喧嘩太郎で名をなし大学を出て海軍兵学校で英語を教えていたという教師等々様々な前歴を持つ先生たちがいた。教師も生徒も伸び伸びとして民主主義を熱っぽく論じた。

教科で目を見張ったのは歴史である。神話しか知らない世代にとっては石器時代、縄文式弥生式文化など何とも驚きであった。戦争と平和の違いをこれほど実感したことはない。私はこの時期、学制改革に直面する。

一九四七年三月、教育基本法が成立施行され、それを受けて学校教育法に基づく六・三・三・四制の学制が四月から実施された。国民学校が元の小学校となり、新しく新制中学が発足、翌一九四八年に新制高校、一九四九年新制大学がスタートする。私たちは旧制中学四年生から翌年（一九四八年）は新制高校二年に編入、一九五〇年三月、新制高校第二回生として卒業した。

平和主義から再軍備、教育の国家統制の復活

敗戦後、憲法改正が行なわれ、主権在民、戦争放棄が鮮明にされ、その理念のもとに教育基本法も制定された。文部省発行（一九四七年）の「新しい憲法のはなし」では次のように述べている。

そこでこんどの憲法では、日本の国が、けっして二度と戦争をしないように、二つのことを決めました。その一つは、兵隊も軍艦も飛行機も、おおよそ戦争するものは、いっさいもたないということです。これを戦力の放棄といいます。……もう一つは、よその国との争いごとが起こったとき、けっして戦争によって、相手をまかしてじぶんをとおそうとしないときめたのです。

一九四七年四月からは国民学校が小学校となり新しい学制の六・三・三・四制が開始される。翌一九四八年、教育勅語は衆・参両院のそれぞれにおいて排除・失効の決議がなされる。小・中学校において検定教科書の使用がはじまる。

このように新しい方向に向けて民主教育の体制作りが進むかのように思われたのも束の間、

政府は「逆コース」とも言われた反動化の道を辿りはじめる。その背景には中華人民共和国の建設（一九四九年）など、社会主義国の台頭によりアメリカの対日極東政策の転換がある。

一九五〇年八月、アメリカは在日の米軍四個師団が朝鮮戦争に出動した後の日本国内の治安を維持するためという理由で、日本政府に警察予備隊（後の自衛隊）を作らせた。これが再軍備のはじまりとなるが、憲法第九条は施行から僅か三年余しか維持されなかった。時の首相吉田茂は「愛国心」の再興を文教政策の筆頭に挙げた。これを受けて天野貞祐文相は「修身科」の復活を狙う道徳時間の特設と「国民実践要領」の構想を発表した。「国民実践要領」は「国家の盛衰興亡は国民における愛国心の有無に関わる。我々は祖先から国を伝え受け、子孫へそれを手渡していく者として国を危うからしめない責任を持つ」として、愛国心を強調していた。これは「天野勅語」だとして厳しい世論の批判を受け「道徳時間の特設」と共に後退する。しかし教育の反動化政策は着々と進められていった。

一九五一年、首相の私的諮問機関である政令改正諮問委員会は答申の中で「学校の再編、教科書国定化、教育委員会の任命制への切り替え」という教育政策転換の方向を打ち出す。

一九五三年、日本政府特使として訪米した自由党政調会長池田勇人（後の首相）とロバートソン米国務次官補が会談し、日本の防衛力増強と再軍備促進について協議した。この会談でアメリカ側は三十五万人の軍隊の増強を日本側に要求したと言われる。池田は軍備増強の制約として、

一、憲法第九条及び憲法改正手続が困難であるという制約
二、政治的社会的制約
三、経済的制約
四、実際的制約、教育の問題

の四つの制約を挙げた。会談当事者はこれら制約を認めた上で「会談当事者は日本国民の防衛に対する責任感を増大させるような日本の空気を助長する事が最も重要であることに同意した。日本政府は教育及び広報によって日本に愛国心と自発的精神が成長するような空気を助長することに第一の責任を持つものである。」ことを確認している。

これらの政令諮問委員会答申内容や池田・ロバートソン会談の確認は、その後の日本の教育政策に大きな影響を及ぼすことになった。

日本の教育政策転換の大きな節目の一つに教育三法がある。一九五六年、政府は教育基本法改正を意図した臨時教育審議会設置法案、教科書の国家統制を強化する教科書法案、教育委員の任命制と教職員の管理強化を狙った地方教育行政の組織及び運営に関する法律(地教行法)案、いわゆる教育三法案を国会に上程した。しかし野党の反発は強く、法案成立が危ぶまれたので、議長(自民党)は国会に五百人の警官を導入してほとんど審議もされていない地教行法

を成立させた。他の二法案は審議未了廃案となった。政府が他の二法案を捨ててまでも地教行法の成立にこだわったのは、市町村から都道府県にいたる地方教育行政の根幹を文部省に集権化することと、教職員の管理統制強化に重点を置いたからであった。この中央集権化の行政ラインができ上がることによって教科書統制も教育内容の統制も全ての文教行政が権力者にとって可能になると考えたからである。五十五年体制と言われるが、この教育統制のための体制作りが教育においての自民党の「初仕事」であった。それが日本の教育を大きく歪めていくことになる。

愛媛ではじまった教職員に対する勤務評定（勤評）が文部省の強い指示で全国都道府県に波及したのは一九五八年である。日教組はこれに強い反対を打ち出し、各県教組もそれに対応した。勤務評定というのは校長が教職員の勤評の下書きを記入し、地教委が評定し、それを県教委に提出し、人事や昇給に活用するというものであった。私たち組織の末端にいる組合員はそれに従いながらも、特に若い組合員は、自分は良い教師と自惚れているだけに勤評があって給料が上がればそれも良いではないかといった軽い気持もあった。しかし、軍国主義教育が強制された時代にそれに抵抗したり、そぐわなかった教師たちが抑圧されていった事実などが体験者の中から語られ、勤評の物指しが問題であり、その物指しが教育の国家統制につながることを教師たちが意識していく。そのことによって闘争は強固なものとなっていった。戦いの中から「勤評は戦争への一里塚」というスローガンも出てきた。

文部省はこの期に勤務評定と併行して教育内容の統制にも乗り出してきた。それまで試案とされてきた学習指導要領を大きく改訂し、道徳教育の強化などを打ち出す一方、試案の文字を削り、官報に掲載して「法的に拘束力」があるとした。全国の教職員に対しては主旨説明の伝達講習会の出席を義務付けた。この時期から官製研修が強化され、校長の一方的な業務命令による教職員研修が拡大されていく。またこの改訂で学習指導要領を基に文部省は教科書検定を強め、多くの教科書の内容について書き直しや削除を要求した。この時多くの執筆者が筆を折って教科書編集から離れて行った。家永三郎教授著の高校用日本史が不合格となり、彼が教科書裁判を起こしたことは良く知られている。

一九六六年、紀元節の復活を意図した「国民の祝日」に関する法律の一部改正が国会で成立。中教審答申「期待される人間像」が発表される。この答申は、天皇の敬愛、愛国心の涵養など国家主義的な内容を盛り込み道徳教育を強調している。以後学習指導要領改訂や教育基本法改正などへ向けての重要な位置を占めることになる。一九六七年から「建国記念の日」が施行される。

一九六八年、学習指導要領の改訂、「神話」が導入され、為政者を羅列し人物中心の歴史観・歴史教育が入ってくる。「明治百年記念」が政府行事として実施されたが、明治の膨張期を謳歌し、昭和もそれにあやかろうとする意図だった。

一九六九年、建国記念の日法制化に続いて靖国神社国家護持法案を自民党の議員立法で国会に提出。以降七〇年、七一年、七四年と計五回提出するもいずれも廃案。

一九七二年、米中国交回復、沖縄返還、日中国交回復。これらの状況の中で、アメリカのアジア戦略体制が変わる。それに合わせて自衛隊の戦略配置も変動する。

一九七四年、首相の田中角栄が教育勅語、軍人勅諭を礼讃。同じく田中は参院予算委で日の丸の国旗、君が代の国歌制定の時期であると答弁。

一九七五年、三木首相は八月十五日「私人」として靖国神社に参拝。私人の要件として、以下のことを挙げた。

一、記帳に肩書きを付けない。
二、公職者を随行させない。
三、公用車を使わない。
四、玉串料は私費とする。

しかし、その後の首相でこれを守った者はいない。なお、三木の靖国参拝は、靖国国家護持法制化から「公式参拝路線」への戦術転換である。

一九七六年、昭和天皇即位五十年、政府による祝賀行事。

一九七七年、福田首相、有事立法研究に取り組むことを指示。小・中学校学習指導要領改訂、「君が代」の表記が「国歌」に変わる。この時期の教育課程審議会では「国歌」についての審議は全くされておらず、学習指導要領が出来上がる直前、文部省の手によって「国歌」とされていた。この背後には防衛庁長官三原朝雄の働きかけがあると言われる。

ここで日の丸・君が代と教育・学習指導要領との関係を見ておきたい。前にも少しふれているが、一九五〇年文部大臣天野貞祐は学生、生徒、児童に対する祝日の意義を徹底させ、「国旗を掲揚し、国歌を斉唱することが望ましい。また、各省庁、各家庭でも祝日等には国歌を掲揚するように奨める」と提唱した。これはすぐには実施されなかったが、やがて一九五八年、小学校学習指導要領に「国民の祝日などにおいて儀式等を行なう場合には児童に対してこれらの祝日の意義を理解させると共に、日の丸を掲揚し君が代を斉唱することが望ましい」となっていく。学習指導要領の次の改訂期一九六八年では、一九五八年の文言を継承しているが、一九七七年は前述のようになる。そして一九八九年改訂では「掲揚・斉唱させることが望ましい」とされてきたのが「国旗を掲揚すると共に国歌を斉唱するよう指導するものとする」となった。文部省はこれを義務化を意味するとし、強制や職務命令の根拠としている。

一九七八年、福田赳夫首相八月十五日に靖国参拝。「私人」と称しているが、「前記の三木四原則からはずれる。第四回日米安保協議委員会「日米防衛協力のための指針（旧ガイドライン）」を決定。日米共同軍事訓練の道が開かれる。A級戦犯の十四人、靖国に合祀される（判明したのは一九七九年四月)。

一九七九年、大平首相靖国参拝、元号法制化。秋頃から自民党に財界も加わって第二次の教科書攻撃がはじまる。第一次攻撃は一九五五年、当時の民主党が検定教科書は偏向しているとして、パンフレット「愁うべき教科書問題」を発行して教科書攻撃を行なった。これは前述の教科書法などへと収斂されていった。第二次攻撃は、一九七〇年、家永教科書裁判杉本判決以降、勝訴または一部勝訴の判決を受けて、(彼らからすれば)教科書検定が甘くなっていることに対する反発であった。衆院議員三塚博などが中心となりテレビなどに出演して「教科書が偏向している」とのキャンペーンと文部省検定に圧力をかけた。

一九八〇年、鈴木善幸首相以下閣僚十九人が八月十五日に靖国参拝。公人とも私人とも明らかにすることを避ける。

一九八一年、鈴木首相・レーガン大統領共同声明で日米は「同盟関係」という共同声明発表。海上自衛隊、米第七艦隊と合同大演習。みんなで靖国神社に参拝する国会議員の会結成。八月十五日は鈴木首相以下十九閣僚靖国参拝。

一九八二年七月、中国政府は七月日本政府に対し、文部省の教科書検定において「侵略」を「進出」と書き換えさせたことについて日中共同声明違反と公式に抗議すると共にその善処方を申し入れた。韓国や朝鮮民主主義人民共和国や東南アジア諸国からも一斉に抗議や批判が続出した。八月、官房長官宮沢喜一は「我が国としてはアジア近隣諸国の友好、親善を進める上でこれらの批判に十分に耳を傾け、政府の責任において教科書を是正する」との談話を発表し、一応の政治決着を図った。

同年、中曽根首相、レーガン大統領は日米は「運命共同体」と声明。

一九八四年、中曽根首相、首相として初めて靖国新春参拝。臨時教育審議会設置。

一九八五年、海外出張中の二人を除く中曽根首相以下全閣僚が靖国神社公式参拝。

一九八六年、昭和天皇六十周年政府記念行事。

一九八七年、臨時教育審議会最終答申。

一九八九年、昭和天皇死去。学習指導要領改訂。「国旗・国歌」の義務化については前述。天皇即位、現憲法下初の大嘗祭実施される。

一九九一年、自衛隊法第九八条を拡大解釈してペルシャ湾で機雷除去作業。

一九九二年、PKO協力法制定、国連平和維持軍参加。カンボジア、ルワンダなど六件。

一九九四年、自衛隊法の一部改正――自衛隊の航空機や輸送艦の派遣、居留民保護の名目でカンボジア（一九九七年）、インドネシア（一九九八年）政情不安時に出動。

一九九六年、日米安全保障共同宣言（橋本・クリントン）。日米同盟の強化と日米安保条約を越えた行動を示唆。

一九九七年、新日米防衛協力のための指針（新ガイドライン）。

一九九八年、学習指導要領改訂、中学校社会科の中で「我が国の文化と伝統の特色を広い視野にたって考えさせると共に、我が国の歴史に対する愛情を深め、国民としての自覚を高める」の文言が出ている。傍線部分はそれまでの学習指導要領に新しく書き加えられたものである。この文章はその後の教科書編纂にあたって各社に大きな影響を与えている。

一九九九年、周辺事態法、自衛隊法の一部改正成立（武器使用の拡大）、通信傍受法（盗聴法）、住民台帳法の一部改正（国民総背番号制）、日の丸・君が代の国旗・国歌法などが強制制定された。

「国旗・国歌」を法制化するにあたり政府は次のような統一見解を示している。その要旨は以下のとおりである

○国旗掲揚や国歌斉唱に関し、義務付けを行なうようなことは考えていない。
○君が代の「君」とは大日本帝国憲法下では主権者である天皇を指していたと言われているが、日本国憲法の下では、日本国及び日本国民統合の象徴である天皇と解釈するのが適当である。
○（君が代の歌詞全体の意味は）日本国憲法の下では天皇を日本国及び日本国民統合の象徴とする我が国の末永い繁栄と平和を祈念したものと理解する。

日本国憲法になって「君が代」の君について政府は勿論教育行政もその解釈は頑なに避けて

きた。しかし、法制定で「君が代」の君が天皇であるとすることは重大な意味がある。その天皇が主権天皇か象徴天皇かの論議はおくとして、「君が代」の「君」が天皇であれば「君が代」は天皇の国を讃え、その繁栄を謳ったものということになる。その考えは政府の根底に早くから存在していた。例えば日本の在外公館は「君が代」は天皇の治世を意味すると記した冊子を、法案審議の時期よりも六年も前から百十カ国に三万部を無料配布している。(「西日本新聞」一九九九年六月二日朝刊)。

中教審答申「期待される人間像」は一九六六年の段階で第四章二で「日本国の象徴たる天皇を敬愛することは、その実体たる日本国を敬愛することに通ずる……。このような天皇を日本の象徴として自国の上にいただいてきたところに、日本国独自の姿がある」と述べている。主権天皇、現人神天皇か象徴天皇か、忠誠か敬愛かの用語の使い方は別として天皇を中心に日本国民の統合を図ろうという手法は戦前戦中と同様である。それを現在まで一貫性があるものとするため、日本の歴史、伝統、文化の尊重継承が現在教育の分野において強く提唱されている。

学校現場では前述のように学習指導要領などを理由に法制化以前からも日の丸・君が代の強制が行なわれ、「懲戒処分」も強行されてきた。これは憲法で保障された「良心の自由」、「表現の自由」、「教育の自由」を侵すものであることは論をまたない。そして法制定時に「義務付けを行なうものでない」としながら、法制定後の現在も強制と処分の強行が続いている。日の丸・君が代は学校教育だけの問題ではない。法制定後は官庁、県庁、役場などの公共機関に日の丸が掲揚されるようになった。

日の丸・君が代の強制はそのことによって国民統合を図ろうとするものであり、それに異議を唱える者は排除するという機能を持っている。これは国家主義への道であり、靖国国家護持、公式参拝の狙いと一致するものである。

二〇〇一年、小泉首相八月十五日靖国参拝、中国、韓国などから非難を受ける。テロ特措法成立。インド洋に海上自衛隊の護衛艦、補給艦派遣、給油活動など米軍の兵站線の一部を分担する。これはまさに海外出兵である。

まとめにかえて

以上、一九六〇年代から大まかに日本の国家主義と軍備強化にふれながらそれに教育が組み込まれていく状況を見てきた。一九六〇年代の紀元節の復活である建国記念の日の設定は「天皇を中心とする神の国」の一つの起点となってきた。二〇〇二年十一月十四日、中央教育審議会が教育基本法の改正について中間まとめを報告した。その中で強調している「日本人としてのアイデンティティー(伝統、文化の尊重、郷土や国を愛する心)」や「公共に主体的に参画する意識や態度の涵養」については法改正するまでもなく既に学校教育の中には根深く入り込んでいる。愛国心を評価している学校も出てきている。公共に主体的に参画云々と言っているが、奉仕活動が学校教育の中で実質義務化してきている。ここに戦前の滅私奉公の姿を予想するのは私だけではないだろう。天皇を敬愛する心、愛国心、そして宗教的情操教育の重視（教育改革国民会議報告）と並べてくると、それは限りなく国家神道に近づく。これこそが有事体制を強化する国民作りである。靖国神社の政治的活用もその一環である。靖国神社の国家護持や公式参拝は、この有事体制の国民作りの外にあるものではない。

小泉首相は多くの人々や諸外国からの批判があるにも関わらず、靖国神社参拝を繰り返している。それは現在日本が進んでいる戦争への道を更に進め、新しく生まれるであろう戦争犠牲者の受け皿を国家の名前で準備しようとするものである。それは正に戦争遂行の一環であり、平和憲法の理念に反するものである。

最近、中国や韓国を旅して現地の人々が、日本の軍備強化、自衛隊の海外出兵、国家主義の右翼の台頭、戦争責任の拒否、教科書問題、その上に首相の靖国公式参拝が加わることに大きな危機感と憤りを抱いている。小泉首相が靖国問題だけを切り離して正当化しようとしてもそれは国際的には通用しない。近隣諸国と特に国際友好・信頼関係を創ろうとすれば、上記のような問題点を除去することに努めなければならない。そのことこそが日本国憲法理念の遵守であり、憲法第九九条に基づく総理大臣の責務である。しかし、小泉首相はそれとは反対の方向に走りつつある。靖国神社公式参拝は戦争への道である。戦争期を体験し、日本国憲法下で教職に携わり、「教え子を再び戦場に送らない」を精神的な拠り所として教え子たちに接し、また教育運動に参加してきた者にとって、彼の行動は大きな精神的衝撃である。その償いは内閣総理大臣としては真摯になすべきである。

（小泉首相靖国参拝違憲福岡訴訟(注)での「陳述書」）

資料

上智大学事件　一九三二年、カトリック系の大学である上智大学の学生が、靖国神社参拝を拒否したことに対し、配属将校が、上智大学にとどまることはできないとして引き上げた事件。

同志社中学事件　一九三七年、プロテスタント系の学校である同志社中学で、生徒が武道場に神棚を祀ったことにたいし、学校はキリスト教主義の学校であることを理由に撤去させようとしたが、右翼的な生徒をバックアップした配属将校と学校の争いとなった。

注

福岡靖国訴訟は二〇〇一年十一月一日提訴、著者も原告の一人、二〇〇四年四月七日判決、慰謝料の請求については棄却。「小泉首相の参拝は職務の執行に当たる」とし、そして、それまでの政教分離訴訟で判断基準とされてきた「目的効果基準」の検証を行なって、首相の参拝は憲法違反であるとした。

あとがき

旧い友人で同級生だった下川真剛さんが今年（二〇〇六年）二月に亡くなった。真剛さんは「大牟田の空襲を記録する会」の主要なメンバーであった。また、平和教育の実践家でもあった。地道ではあるが、こつこつと確かな「仕事」をしてきた。冊子「大牟田の空襲」は二十数集に及ぶ。まさに彼のライフ・ワークだ。これらの記録に限らず、次世代に語り継ぐものとして立派な業績を残した。

彼は大牟田空襲の罹災者である。その戦争体験が彼の「仕事」の、いや平和を求める基点となっていたにちがいない。私たち年代は十五年戦争が始まった頃に生まれ、まさに軍国少年として育てられた。しかし、戦争体験者ではあるが、戦闘に参加した兵士（少年兵）の年齢には二、三歳とどいていない。それでも幼なかっただけに、戦争の被害は身体の芯が凍えつくほど味わっている。その私たちの世代も一人、またひとりと鬼籍に入っていく。

反戦・平和の詩人栗原貞子さんの代表作「生ましめんかな」は多くの人に読まれている。この作品は原爆投下後の間もない八月末に書かれ、翌年発表されている。栗原さんの戦後初の作品である。この時生まれた「赤ん坊」、すなわちモデルになっている赤ちゃんは実在で、小嶋和子さんという。本年（二〇〇六年）八月七日の「毎日新聞」に写真入りで掲載された。

彼女は六十歳になるという。原爆投下から、それだけの年月を経ていることを示めしている。六十歳といえば一般的には定年ということになる。学校にしても役所にしても、また多くの民間企業においても、いや主体となって社会を支える現役の人びとはもう完全に戦争非体験者である。

今や、戦争非体験のその大人が主体となり次世代に「戦争を語り継がねばならない」時代になっている。主体が語り、それを次代が「継がねばならない」。難しく言うことはない。親の世代から子の世代、子の世代から孫の世代へと語り継ぐ、教師から児童、生徒へと語り継ぐということである。それは家庭において、学校において、また地域や職場において、あらゆる機会を通して語り継がれねばならない。それが人類の「ちえ」であり、戦争というおろかな過ちをもう繰り返さないために。

戦後ははるかに遠くなり、戦前が限りなく近づいている。こんな状況の中で、戦争体験の最若年世代の私たちにとっても、「語り継ぎ」が十分でないだけに、いらだちや強いあせりがある。私は戦争原体験こそ少ないが、その時代を生きてきたものとして、戦争のしくみやその時の社会構造、さらにはそこへ至る歴史的な過程について、長い時間をかけて追いかけてきた。その上にたって平和教育についても意見を述べてきた。いつの間にかそれらの拙文はかなりの量になった。そこで、それらをまとめて出版することを企図した。

生来、私はなまけものである。しかし、何としても重い腰をあげざるを得ない。それから二年有余やっと念願が叶う日がきた。この間、海鳥社の西俊明社長には編集から出版まで一方《ひとかた》ならず激励とご協力をいただき、また、友人の大野優嗣さんには物心両面にわたってご支援いただいた。ご両者に心から謝意を述べたい。

なおこの書は「著作第一集」としているが、近日のうちに第二集を「アジアや沖縄」の問題を中心に、第三集には、「日の丸、君が代、靖国神社」などの問題について発刊を予定し、目下その作業にとりくんでいる。

付記

九州・沖縄平和教育研究所について

一九九三年十一月、大学や小・中学校の教員をはじめ「平和教育」に関心を持つ多くの人びとによって会員制の研究所として発足。経費は会費とカンパによって運営されてきた。

名称を九州・沖縄としたのは、かつて九州がアジア侵略の玄関口となっていたという歴史認識から、今後は平和の窓口になろうという念願から。

沖縄は九州の一部という指摘もないではないが、九州・沖縄としたのは、ヤマトの「琉球処分」、捨石の「沖縄戦」、切り捨ての「日本の独立回復」、ごまかしの「沖縄復帰」、そして現存する米軍基地などの諸問題を真正面から取り上げ、「平和問題」の基軸におきたいというおもいをこめている。したがって九州・沖縄というのは地域を限定するものではなく平和教育の課題を表わしている。したがって会員も九州・沖縄に限られていない。

私はこの研究所の創設に当初からかかわり、長年事務局長をつとめ、現在、研究所代表となっている。刊行物は次のとおりである。

「平和教育」（理論と実践） 創刊号（一九九三年） 2号（一九九四年） 3号（一九九六年）
「平和教育」会報 二〇〇六年十月現在、一三九号
「平和教育」資料 二〇〇六年十月現在、三五号

梶村 晃

二〇〇六年十月十日

梶村　晃〈かじむら・あきら〉
1932年生まれ。福岡県の小・中学校教員。福岡県教職員組合執行委員長を1992年に退任。
九州・沖縄平和教育研究所創設に参加。現在、九州・沖縄平和教育研究所代表。中国人強制連行・強制労働事件福岡訴訟を進める会代表。その他、多くの市民運動に参加。

梶村　晃著作集1
天皇制国家主義教育《てんのうせいこっかしゅぎきょういく》から平和《へいわ》教育《きょういく》へ

■

2006年11月1日　第1刷発行

■

著者　梶村　晃
発行者　西　俊明
発行所　有限会社海鳥社
〒810-0074 福岡市中央区大手門3丁目6番13号
電話092(771)0132　FAX092(771)2546
印刷・製本　有限会社九州コンピュータ印刷
ISBN4－87415－605－3
［定価は表紙カバーに表示］
http://www.kaichosha-f.co.jp